Bistrot

Pas besoin d'être un cordon bleu confirmé pour réussir les recettes qui suivent. Il faut simplement avoir envie de cuisiner, pour soi, sa famille ou ses amis. Sortez de la routine, c'est le moment d'essayer des plats qui changent un peu et de combiner des saveurs nouvelles. Pas de soucis : la réussite est garantie puisque ces recettes sont déjà « passées trois fois à la casserole » avant de vous être proposées. Alors, à vos fourneaux !

Sommaire

Soupes et hors-d'œuvre

Soupe à l'oignon et croûtons au gruyère

Pour 4 personnes.

PRÉPARATION 30 MINUTES • CUISSON 15 MINUTES

50 g de beurre
4 gros oignons jaunes coupés en deux et émincés
180 ml de vin blanc sec
750 ml d'eau
1 litre de bouillon de bœuf
1 feuille de laurier
1 c. s. de farine
1 c. c. de feuilles de thym frais
1/2 baguette
125 g de gruyère râpé

1 Faites fondre le beurre dans une casserole et laissez caraméliser les oignons à feu moyen environ 30 minutes, en remuant de temps à autre.

2 Pendant ce temps, portez le vin à ébullition dans une casserole moyenne et laissez-le bouillonner 1 minute. Ajoutez ensuite l'eau, le bouillon de bœuf et la feuille de laurier puis ramenez à ébullition. Retirez la casserole du feu.

3 Saupoudrez la farine sur l'oignon en remuant bien et laissez épaissir jusqu'à ce que de petites bulles se forment. Versez alors progressivement le vin chaud en mélangeant bien pour éviter la formation de grumeaux puis laissez épaissir à feu moyen, sans cesser de remuer. Baissez le feu et laissez frémir 20 minutes à découvert, en remuant de temps en temps.

4 Coupez le pain en tranches de 1,5 cm d'épaisseur et faites-les griller sur une seule face au four. Retournez-les, déposez 1 cuillerée à soupe de fromage dessus et laissez au four jusqu'à ce que celui-ci ait fondu.

5 Répartissez la soupe dans les bols de service, ajoutez les croûtons et parsemez du reste de fromage.

Par portion lipides 22,3 g ; 421 kcal

Velouté de cresson

Pour 4 personnes.

PRÉPARATION 30 MINUTES • CUISSON 30 MINUTES

1 c. s. d'huile d'olive
1 petit oignon jaune finement haché
1 petit poireau émincé
600 g de pommes de terre coupées en gros morceaux
1 litre de bouillon de volaille
350 g de cresson frais
80 g de crème aigre

1 Faites chauffer l'huile dans une casserole et faites fondre l'oignon et le poireau à feu doux en remuant. Ajoutez les pommes de terre et le bouillon puis portez à ébullition. Réduisez le feu et laissez frémir 20 minutes à couvert ; les pommes de terre doivent être juste cuites.

2 Réservez quatre brins de cresson. Incorporez le reste dans la soupe et laissez frémir environ 5 minutes à découvert, jusqu'à ce que les pommes de terre soient tendres.

3 Mixez la soupe jusqu'à ce qu'elle soit lisse. Faites-la réchauffer puis répartissez-la dans des assiettes creuses. Déposez 1 cuillerée à soupe de crème aigre au centre et décorez d'un brin de cresson.

Par portion lipides 14,1 g ; 257 kcal

Soupe de haricots blancs au poireau et aux merguez

Pour 6 personnes.

TREMPAGE 12 HEURES • PRÉPARATION 30 MINUTES • CUISSON 1 H 15

200 g de haricots blancs secs (coco, lingots ou tarbais)
40 g de beurre
2 tranches de bacon émincées
2 gousses d'ail pilées
1 poireau moyen émincé
2 branches de céleri émincées
2 carottes moyennes émincées
1,5 litre de bouillon de volaille
1 feuille de laurier
4 merguez

Pesto

1 bouquet de basilic frais
1 gousse d'ail pilée
20 g de parmesan grossièrement râpé
60 ml d'huile d'olive

1 Mettez les haricots dans un saladier et recouvrez-les d'eau. Laissez-les tremper une nuit entière. Égouttez, rincez à l'eau froide puis égouttez à nouveau.

2 Faites fondre le beurre dans une casserole et faites revenir le bacon, l'ail, le poireau, le céleri et la carotte en remuant bien, jusqu'à ce que les légumes soient tendres. Incorporez le bouillon, la feuille de laurier et les haricots puis portez à ébullition. Réduisez le feu et laissez mijoter 1 heure à couvert, jusqu'à ce que les haricots soient tendres.

3 Pendant ce temps, préparez le pistou.

4 Faites chauffer une poêle antiadhésive et faites dorer les merguez. Égouttez-les sur du papier absorbant et coupez-les en morceaux.

5 Répartissez la soupe dans des assiettes creuses, ajoutez les morceaux de merguez et agrémentez d'une cuillerée à soupe de pistou.

Pesto Passez tous les ingrédients au robot ou au mixeur jusqu'à obtention d'une pâte lisse.

Par portion lipides 28,3 g ; 377 kcal

Soupe de panais à l'ail

Pour 4 personnes.

PRÉPARATION 25 MINUTES • CUISSON 1 H 20

1 tête d'ail
3 c. s. d'huile d'olive
1 kg de panais coupés en morceaux
1 petit oignon jaune finement haché
1 pomme de terre moyenne coupée en cubes
1 litre de bouillon de volaille
300 ml de crème fraîche
180 ml de lait
2 c. s. d'ail frais émincé (facultatif)

Toasts aux anchois

6 filets d'anchois égouttés et finement hachés
1/2 gousse d'ail pilée
50 g de beurre ramolli
1 petite baguette

1 Préchauffez le four à 170 °C.

2 Mettez la tête d'ail entière, non épluchée, dans un plat allant au four et faites-la rôtir 10 minutes. Ajoutez alors le panais après l'avoir enrobé de 2 cuillerées à soupe d'huile d'olive. Poursuivez la cuisson au four pendant 30 minutes, jusqu'à ce que l'ail et le panais soient tendres. Quand l'ail a assez refroidi pour être manipulé, coupez la tête en deux horizontalement et pressez à la main pour recueillir la pulpe dans un bol. Réservez.

3 Faites chauffer le reste d'huile dans une casserole et faites fondre l'oignon en remuant. Ajoutez le panais, la pomme de terre et le bouillon puis portez à ébullition. Réduisez le feu et laissez mijoter 20 minutes à découvert, en remuant de temps à autre, jusqu'à ce que la pomme de terre soit tendre.

4 Pendant ce temps, préparez les toasts aux anchois.

5 Mixez la soupe et la purée d'ail pour obtenir une préparation lisse (procédez en plusieurs fois). Faites réchauffer à feu moyen avant d'incorporer la crème et le lait puis portez à ébullition. Répartissez la soupe dans les bols de service et parsemez d'ail frais ciselé. Accompagnez de toasts aux anchois.

Toasts aux anchois Travaillez à la fourchette les anchois, l'ail et le beurre dans un petit récipient pour obtenir une pommade épaisse. Coupez la baguette en tranches de 1,5 cm d'épaisseur et faites griller ces dernières sur une seule face au four. Retournez-les, répartissez la pâte aux anchois dessus et repassez-les au four jusqu'à ce que le beurre grésille.

Par portion lipides 56,8 g ; 779 kcal

L'astuce du chef

Veillez à éplucher très soigneusement les panais car leur peau est amère.

Soupe de poisson au fenouil

Pour 4 personnes.

PRÉPARATION 30 MINUTES • CUISSON 35 MINUTES

1 c. s. d'huile d'olive
1 gros oignon jaune grossièrement haché
1 bulbe de fenouil grossièrement émincé
2 gousses d'ail pilées
750 ml de fumet de poisson
250 ml de vin blanc sec
6 tomates moyennes pelées, épépinées et coupées en petits dés
500 g de filet de poisson blanc à chair ferme (julienne, cabillaud...)
30 g de persil plat grossièrement ciselé

1 Faites chauffer l'huile dans une casserole et faites revenir l'oignon, le fenouil et l'ail en remuant de temps à autre, jusqu'à ce qu'ils commencent à ramollir. Ajoutez le fumet de poisson, le vin et environ deux tiers des tomates puis portez à ébullition. Réduisez le feu et laissez frémir 10 minutes sans couvrir, en remuant de temps en temps.

2 Ajoutez le poisson, couvrez et laissez mijoter 10 minutes à couvert, jusqu'à ce qu'il soit cuit à cœur (le liquide doit juste frémir). Retirez-le avec une écumoire puis émiettez-le grossièrement à la fourchette et réservez.

3 Mixez la soupe jusqu'à ce qu'elle soit lisse puis faites-la réchauffer avant d'incorporer le persil hors du feu. Répartissez le poisson dans des assiettes creuses avec le reste des tomates puis versez la soupe dessus. Servez aussitôt.

Par portion lipides 8 g ; 275 kcal

Rillettes de saumon au poivre vert

Pour 4 personnes.

PRÉPARATION 20 MINUTES • CUISSON 20 MINUTES

1 baguette
750 ml d'eau
125 ml de vin blanc sec
1 petit oignon jaune grossièrement haché
1 feuille de laurier
1 c. c. de poivre noir entier
300 g de filet de saumon sans la peau
100 g de saumon fumé émincé
60 g de beurre ramolli
2 c. c. de zeste de citron finement râpé
1 c. s. de poivre vert en saumure, rincé, égoutté et grossièrement haché

1 Préchauffez le four à 170 °C.

2 Coupez la baguette en tranches de 1 cm d'épaisseur puis faites dorer ces dernières au four pendant 15 minutes environ.

3 Pendant ce temps, mettez l'eau, le vin, l'oignon, le laurier et le poivre noir dans une casserole moyenne puis portez à ébullition. Ajoutez le filet de saumon, réduisez le feu et laissez frémir 5 minutes à découvert, jusqu'à ce que le poisson soit presque cuit. Retirez la casserole du feu, laissez refroidir le saumon 5 minutes dans le court-bouillon puis égouttez-le.

4 Émiettez le filet de saumon à la fourchette dans un saladier. Ajoutez le saumon fumé, le beurre, le zeste de citron et le poivre vert puis mixez grossièrement le tout. Répartissez ces rillettes dans des bols et laissez refroidir. Servez à température ambiante avec le pain grillé.

Par portion lipides 21,6 g ; 484 kcal

Mousse de foie de canard

Pour 8 personnes.

PRÉPARATION 25 MINUTES • CUISSON 40 MINUTES • RÉFRIGÉRATION 3 HEURES

180 g de beurre en morceaux
6 échalotes émincées
2 gousses d'ail pilées
1/2 c. c. de piment de la Jamaïque moulu
1 c. s. de thym frais ciselé
1 c. c. de poivre noir concassé
160 ml de cognac
400 g de foies de canard
180 ml de crème fraîche
4 œufs
2 feuilles de laurier coupées en deux
2 brins de thym
100 g de beurre en supplément

1 Préchauffez le four à 140-150 °C.

2 Faites fondre 30 g de beurre dans une poêle et faites revenir l'échalote et l'ail en remuant bien. Ajoutez le piment, le thym, le poivre et le cognac puis portez à ébullition. Baissez le feu et laissez frémir 5 minutes pour faire réduire le liquide et en obtenir la valeur de 1 cuillerée à soupe.

3 Mixez ce mélange avec les foies, la crème fraîche, les œufs et le reste du beurre en morceaux que vous aurez fait fondre à feu doux. Quand le mélange est homogène, passez-le au tamis fin dans un saladier puis répétez l'opération après avoir rincé le tamis.

4 Versez le mélange dans une terrine légèrement graissée et posez celle-ci dans un plat à rôtir. Versez de l'eau dans le plat jusqu'à mi-hauteur de la terrine et couvrez de papier d'aluminium. Enfournez et laissez cuire environ 40 minutes jusqu'à ce que la mousse de foie soit juste prise. Retirez la terrine du plat et laissez refroidir 10 minutes.

5 Décorez la mousse de feuilles de laurier et de brins de thym. Faites fondre le beurre en supplément dans une casserole, laissez-le refroidir 2 minutes puis versez-le délicatement sur la mousse, en laissant le petit-lait au fond. Couvrez la terrine et réservez au réfrigérateur au moins 3 heures.

6 Démoulez la terrine puis découpez-la en huit tranches épaisses à l'aide d'un couteau passé sous l'eau très chaude. Servez avec des tranches de pain de campagne ou de pain de mie grillées.

Par portion lipides 51,8 g ; 845 kcal

L'ASTUCE DU CHEF

Cette terrine peut se garder quatre jours au réfrigérateur.

Passez deux fois la préparation dans un tamis fin.

Versez le mélange dans un moule légèrement graissé.

Versez de l'eau dans le plat jusqu'à mi-hauteur.

Tarte à la betterave et à l'oignon

Pour 6 personnes.

PRÉPARATION 20 MINUTES • CONGÉLATION 20 MINUTES • CUISSON 45 MINUTES

50 g de beurre
4 oignons rouges moyens coupés en deux et émincés
1 c. s. de vinaigre de vin rouge
1 c. c. de feuilles de thym frais
500 g de betteraves rouges
1 rouleau de pâte feuilletée
un peu d'huile
120 g de roquette

Sauce à la ciboulette

1 bouquet de ciboulette grossièrement ciselé
180 ml d'huile d'olive
1 glaçon

Crème au raifort

180 ml de crème fraîche
1 c. s. de crème de raifort

1 Faites fondre le beurre dans une poêle et laissez caraméliser l'oignon à feu moyen pendant 30 minutes, en remuant de temps à autre.

2 Pendant ce temps, faites cuire les betteraves dans leur peau, à l'eau ou à la vapeur, jusqu'à ce qu'elles soient juste tendres. Égouttez-les. Quand elles sont tièdes, épluchez-les et détaillez-les en tranches fines.

3 Préchauffez le four à 220-230 °C.

4 Étalez la pâte sur une plaque de cuisson légèrement huilée, piquez à la fourchette et réservez 10 minutes au congélateur avant de la faire cuire 10 minutes au four ; elle doit être juste dorée.

5 Préparez les deux sauces.

6 Étalez l'oignon caramélisé sur la pâte et disposez dessus les tranches de betterave en les faisant se chevaucher. Badigeonnez légèrement d'huile. Faites cuire 10 minutes à four très chaud.

7 Pendant ce temps, mélangez la roquette dans un saladier avec la moitié de la sauce à la ciboulette. Répartissez la salade dans les assiettes de service.

8 Coupez la tarte en six et garnissez-en les assiettes. Arrosez d'un filet de sauce à la ciboulette et servez avec la crème au raifort.

Sauce à la ciboulette Passez tous les ingrédients au robot ou au mixeur jusqu'à obtention d'une pâte lisse.

Crème au raifort Battez la crème au fouet électrique dans un bol puis incorporez délicatement la crème de raifort.

Par portion lipides 52,7 g ; 582 kcal

Noix de Saint-Jacques au fenouil et au pastis

Pour 6 personnes.

PRÉPARATION 20 MINUTES • CUISSON 30 MINUTES

24 coquilles Saint-Jacques
60 g de beurre
2 bulbes de fenouil émincés
4 oignons verts émincés
80 ml de pastis
300 ml de crème fraîche
1 c. s. de feuilles de fenouil grossièrement ciselées

1 Retirez les noix de Saint-Jacques de leur coquille et nettoyez-les en retirant le corail. Lavez les coquilles, essuyez-les et gardez-les de côté.

2 Faites fondre deux tiers du beurre dans une poêle et faites cuire le fenouil environ 20 minutes en remuant de temps à autre. Procédez en plusieurs fois si nécessaire. Quand le fenouil est tendre, réservez-le au chaud.

3 Faites chauffer le reste de beurre dans la même poêle et faites fondre l'oignon en remuant. Remettez le fenouil dans la poêle avec les noix de Saint-Jacques, le pastis et la crème. Laissez cuire 2 minutes, jusqu'à ce que les Saint-Jacques deviennent opaques.

4 Disposez quatre demi-coquilles dans chaque assiette de service. Retirez une à une les noix de Saint-Jacques de la poêle et répartissez-les dans les coquilles. Baissez le feu sous la sauce et laissez mijoter en remuant sans cesse pour la faire épaissir légèrement. Nappez-en les noix de Saint-Jacques et parsemez de feuilles de fenouil.

Par portion lipides 27,4 g ; 372 kcal

Huîtres chaudes aux poireaux et aux œufs de saumon

Pour 4 personnes.

PRÉPARATION 40 MINUTES • CUISSON 15 MINUTES

Les œufs de saumon, parfois appelés « caviar rouge », sont un merveilleux hors-d'œuvre. Achetés frais, ils doivent être consommés dans les trois jours et se conservent au réfrigérateur.

50 g de beurre
3 petits poireaux émincés
60 ml d'eau
24 huîtres
2 c. s. d'œufs de saumon

1 Faites fondre le beurre dans une poêle antiadhésive, ajoutez le poireau et l'eau puis laissez cuire à feu doux 45 minutes à découvert, en remuant de temps en temps, jusqu'à ce que le poireau soit presque réduit en purée. Laissez tiédir 10 minutes.

2 Ouvrez les huîtres puis retirez-les de leurs coquilles et mettez-les dans un petit bol avec leur eau de mer. Lavez la base des coquilles, essuyez-les soigneusement.

3 Répartissez les demi-coquilles d'huître sur les assiettes de service, garnissez de fondue de poireau puis mettez une huître dans chaque coquille (égouttez-les délicatement). Décorez d'œufs de saumon et servez aussitôt.

Par portion lipides 12,6 g ; 167 kcal

Tarte tatin à la tomate

Pour 6 personnes.

PRÉPARATION 40 MINUTES • CUISSON 30 MINUTES

À l'origine, la tatin est une tarte renversée aux pommes caramélisées. Elle doit son nom aux demoiselles Tatin, qui en inventèrent la recette à la fin du XVIIIe siècle. La version que nous proposons ici se sert en hors-d'œuvre ou en plat unique avec une salade verte pour un déjeuner léger.

9 petites tomates fermes
30 g de beurre
1 gousse d'ail pilée
1 c. s. de sucre brun
2 c. s. de vinaigre balsamique
2 rouleaux de pâte feuilletée
1 œuf légèrement battu
huile végétale
6 brins de basilic frais

Sauce à la crème

20 g de beurre
2 échalotes finement hachées
240 g de crème fraîche
80 ml d'eau

1 Préchauffez le four à 200 °C.
2 Coupez les tomates en quatre. Retirez le cœur et les pépins. Aplatissez légèrement les quartiers de pulpe.
3 Faites fondre le beurre dans une poêle et faites revenir l'ail à feu doux jusqu'à ce qu'il embaume. Ajoutez le sucre et le vinaigre puis remuez jusqu'à dissolution du sucre. Disposez les quartiers de tomates dans la poêle en une seule couche et laissez-les cuire 5 minutes à couvert ; ils doivent être tendres et légèrement caramélisés. Retournez-les à mi-cuisson.
4 Graissez six moules à tartelette. Découpez six disques de pâte de la taille des moules. Répartissez les quartiers de tomate dans les moules puis mettez en place les disques de pâte en les pressant délicatement sur les côtés. Badigeonnez d'œuf, enfournez et laissez cuire environ 15 minutes, jusqu'à ce que la pâte soit légèrement dorée et gonflée.
5 Pendant ce temps, faites chauffer l'huile dans une petite casserole. À l'aide d'une pince en métal, faites frire un à un les brins de basilic dans l'huile pendant 30 secondes ; ils doivent être croustillants mais sans brûler. Égouttez-les sur du papier absorbant.
6 Préparez la sauce.
7 Répartissez la sauce dans les assiettes de service, démoulez les tartes dessus et décorez de basilic frit.

Sauce à la crème Faites fondre le beurre dans une casserole et faites cuire l'échalote 3 minutes en remuant, jusqu'à ce qu'elle soit tendre. Ajoutez la crème fraîche et faites-la chauffer à feu doux. Incorporez l'eau en fin de cuisson, sans cesser de remuer. Retirez du feu dès que la sauce est bien chaude et répartissez aussitôt dans les assiettes.

Par portion lipides 33,4 g ; 405 kcal

Retirez le cœur et les graines des tomates.

Faites cuire les quartiers de tomates dans une poêle.

Répartissez les tomates dans les moules avant de les recouvrir de pâte.

Plats faciles

Fleurs de courgette farcies au fromage frais, sauce tomate au basilic

Pour 4 personnes.

PRÉPARATION 40 MINUTES • CUISSON 20 MINUTES

Pour cette recette, nous avons choisi du fromage frais au poivre vert (en vente dans les crémeries et dans certaines grandes surfaces). Vous pouvez aussi utiliser du fromage de chèvre frais ou du fromage frais aux herbes.

200 g de fromage frais au poivre vert
1 c. s. de ciboulette fraîche finement ciselée
15 g de chapelure fraîche
16 mini-courgettes avec leurs fleurs
2 c. s. d'huile d'olive

Sauce tomate

1 c. s. d'huile d'olive
1 petit oignon jaune finement haché
1 gousse d'ail pilée
400 g de tomates concassées en conserve
1 c. s. de basilic frais finement ciselé

1 Mélangez le fromage frais, la ciboulette et la chapelure dans un bol. Ôtez les étamines des fleurs de courgette et garnissez celles-ci de la préparation au fromage. Roulez les extrémités des pétales pour éviter que la garniture ne s'échappe.
2 Préparez la sauce tomate.
3 Faites chauffer l'huile dans une sauteuse puis ajoutez les courgettes. Couvrez et laissez cuire 5 minutes environ jusqu'à ce qu'elles soient tendres, en les retournant délicatement à deux reprises.
4 Transférez les courgettes sur les assiettes de service et servez aussitôt avec la sauce.

Sauce tomate Faites chauffer l'huile dans une poêle et faites revenir l'ail et l'oignon en remuant, jusqu'à ce que ce dernier soit tendre. Incorporez les tomates avec leur jus et portez à ébullition. Réduisez le feu et laissez mijoter 20 minutes pour faire épaissir la sauce. Retirez du feu et incorporez le basilic.

Par portion lipides 30,8 g ; 334 kcal

Soufflés au chèvre, sauce aux épinards

Pour 6 personnes.

PRÉPARATION 15 MINUTES • CUISSON 25 MINUTES • REFROIDISSEMENT 5 MINUTES

huile végétale
25 g de chapelure
30 g de beurre
2 c. s. de farine
250 ml de lait
4 œufs, blancs et jaunes séparés
1/4 c. c. de poivre de Cayenne
150 g de fromage de chèvre émietté

Sauce aux épinards

180 g de pousses d'épinard
160 ml de crème fraîche tiédie

1 Préchauffez le four à 200 °C. Huilez six moules à soufflé de 250 ml, saupoudrez de chapelure et placez-les sur une plaque de four.

2 Faites fondre le beurre dans une casserole puis incorporez la farine en remuant jusqu'à ce que la préparation forme des petites bulles. Versez progressivement le lait sans cesser de remuer puis portez à ébullition pour faire épaissir la sauce. Transférez dans un grand saladier. Incorporez les jaunes d'œufs, le poivre et le fromage de chèvre. Laissez refroidir 5 minutes.

3 Montez les blancs d'œufs en neige ferme au batteur électrique puis incorporez-les délicatement au mélange au fromage en procédant en deux fois.

4 Répartissez la préparation dans les moules et faites cuire 15 minutes au four, jusqu'à ce que les soufflés soient gonflés et légèrement dorés.

5 Pendant ce temps, préparez la sauce aux épinards. Dès que les soufflés sont cuits, servez-les sans attendre avec la sauce.

Sauce aux épinards Faites cuire les épinards à l'eau ou à la vapeur jusqu'à ce qu'ils soient juste flétris puis égouttez-les. Laissez-les refroidir un peu avant de les presser à la main pour en extraire l'excédent d'eau. Mixez-les en incorporant progressivement la crème pour obtenir une sauce homogène.

Par portion lipides 24,4 g ; 298 kcal

Terrine de campagne

Pour 6 personnes.

PRÉPARATION 20 MINUTES • CUISSON 2 HEURES • RÉFRIGÉRATION 12 HEURES

Les baies de genièvre sont les fruits séchés d'un conifère, le genévrier. Elles dégagent une saveur très aromatique. On les trouve dans les épiceries fines ou dans certaines grandes surfaces.

350 g de blancs de poulet coupés en gros morceaux
400 g de poitrine de porc sans la couenne, coupée en gros morceaux
300 g de foie de veau coupé en gros morceaux
3 tranches de bacon sans la couenne, grossièrement émincées
3 gousses d'ail pilées
2 c. c. de thym frais finement ciselé
10 baies de genièvre pilées
2 c. s. de porto
60 ml de vin blanc sec
1 œuf
35 g de pistaches grillées

1 Préchauffez le four à 140-150 °C. Graissez légèrement une terrine allant au four.
2 Hachez grossièrement les viandes l'une après l'autre puis mélangez-les avec les autres ingrédients dans un saladier.
3 Transférez l'appareil dans la terrine, tassez un peu et couvrez d'une feuille de papier d'aluminium. Placez la terrine dans un grand plat et versez de l'eau bouillante jusqu'à mi-hauteur. Enfournez et laissez cuire 1 heure. Découvrez et laissez cuire encore 1 heure, jusqu'à ce que la viande soit cuite à cœur.
4 Retirez la terrine du plat et couvrez-la de papier sulfurisé. Posez un plat dessus, ajoutez des boîtes de conserve pleines ou des poids en fonte. Laissez refroidir puis mettez la terrine au réfrigérateur et laissez reposer une nuit complète.
5 Démoulez la terrine sur un plat de service. Coupez-la en tranches et servez à température ambiante, accompagnée de cornichons pour les amateurs.

Par portion lipides 27,6 g ; 433 kcal

Hachez grossièrement les viandes au robot.

Faites cuire la terrine au bain-marie.

Couvrez la terrine de papier sulfurisé et tassez-la avec des poids.

Tartes aux oignons et aux anchois

Pour 6 personnes.

PRÉPARATION 45 MINUTES • CUISSON 35 MINUTES

1 c. s. d'huile d'olive
60 g de beurre
3 oignons jaunes coupés en deux et émincés
2 gousses d'ail pilées
1 feuille de laurier
3 brins de thym frais
1/2 bouquet de persil plat grossièrement ciselé
8 filets d'anchois égouttés et émincés
2 c. s. d'olives noires dénoyautées et grossièrement hachées
110 g de farine avec levure incorporée
110 g de farine
180 ml de babeurre

1 Faites chauffer l'huile et la moitié du beurre dans une poêle et faites cuire l'oignon, l'ail, le laurier et le thym 20 minutes, en remuant de temps à autre, jusqu'à ce que l'oignon soit caramélisé. Retirez le thym et le laurier. Incorporez le persil, les anchois et les olives.

2 Pendant ce temps, passez au robot ou au mixeur les deux farines et le reste de beurre jusqu'à ce que la pâte ait la consistance d'une chapelure épaisse. Ajoutez le babeurre et mixez juste assez pour amalgamer les ingrédients. Pétrissez la pâte sur le plan de travail fariné jusqu'à ce qu'elle soit lisse.

3 Préchauffez le four à 200 °C. Huilez deux plaques de cuisson.

4 Divisez la pâte en six parts. Abaissez chaque portion sur le plan de travail fariné pour obtenir un carré de 14 cm de côté. Repliez les bords pour former un bourrelet épais.

5 Disposez les carrés de pâte sur les plaques huilées et déposez une cuillerée à soupe bombée de préparation aux oignons sur chacun. Enfournez et laissez cuire environ 15 minutes, jusqu'à ce que la pâte soit légèrement dorée. Servez aussitôt.

Par portion lipides 12,9 g ; 283 kcal

Rillettes de porc

Pour 8 personnes.

PRÉPARATION 30 MINUTES • CUISSON 2 H 30

Idéale pour un repas léger, cette recette peut se préparer également avec du poisson ou de la volaille. On la sert avec du pain de campagne grillé et des cornichons. À déguster avec un vin blanc sec.

60 ml d'eau
1 kg de poitrine de porc sans la couenne, coupée en cubes de 5 cm
3 feuilles de laurier
2 gousses d'ail grossièrement hachées
60 ml de vin blanc sec
2 c. c. de sel
1 c. c. de poivre noir du moulin
1 petit oignon rouge émincé
1 c. s. de persil plat frais finement ciselé
120 g de cornichons
6 endives détaillées en feuilles

1 Préchauffez le four à 140-150 °C.
2 Mélangez l'eau, le porc, le laurier, l'ail, le vin, le sel et le poivre dans un grand plat allant au four. Couvrez puis enfournez et laissez cuire 2 h 30, jusqu'à ce le porc soit très tendre.
3 Retirez les feuilles de laurier. À l'aide de deux fourchettes, effilochez la viande dans son jus. Incorporez l'oignon et le persil. Servez accompagné des cornichons et des feuilles d'endive.

Par portion lipides 38,6 g ; 457 kcal

À l'aide de deux fourchettes, effilochez grossièrement la viande dans son jus.

Ris de veau et duxelle de champignons

Pour 4 personnes.

PRÉPARATION 30 MINUTES • TREMPAGE 4 HEURES • CUISSON 20 MINUTES

Interdits à la vente au plus fort de la crise de la vache folle, les ris de veau ont, comme la plupart des autres abats, fait un retour sur les étals de nos marchés. Choisissez-les chez un bon boucher qui peut vous en garantir l'origine.

500 g de ris de veau
35 g de farine
1 c. c. de sel
1/2 c. c. de poivre noir du moulin
60 ml d'huile végétale
1 bouquet de persil plat
1 bouquet de basilic
1 bouquet de cerfeuil
1 bouquet de ciboulette grossièrement ciselé
2 c. s. d'huile d'olive
2 c. s. de vinaigre de vin rouge

Duxelle

40 g de beurre
400 g de pleurotes finement hachées
8 échalotes finement hachées
60 ml de porto
80 ml de bouillon de bœuf
2 c. s. de persil plat finement ciselé

1 Mettez les ris de veau dans un saladier et recouvrez-les d'eau. Laissez-les tremper 4 heures au réfrigérateur en changeant l'eau toutes les heures. Faites pocher les ris de veau 5 minutes dans une casserole d'eau bouillante puis laissez refroidir 10 minutes. Retirez la membrane extérieure puis coupez les ris en tranches épaisses.

2 Pendant que les ris refroidissent, préparez la duxelle.

3 Saupoudrez les tranches de ris de farine assaisonnée de sel et de poivre ; secouez-les pour éliminer l'excédent de farine. Faites chauffer l'huile dans une poêle et faites revenir les ris de veau 5 minutes, jusqu'à ce qu'ils soient légèrement dorés et cuits à votre goût. Procédez en plusieurs fois.

4 Pendant ce temps, mélangez les herbes dans un saladier avec l'huile d'olive et le vinaigre. Remuez délicatement le tout.

5 Servez les ris de veau avec la duxelle et les herbes mélangées.

Duxelle Faites chauffer le beurre dans une poêle et faites revenir les champignons avec les échalotes, jusqu'à ce que celles-ci soient tendres. Versez le porto et le bouillon puis portez à ébullition. Baissez le feu et laissez mijoter 15 minutes à découvert, jusqu'à ce que le bouillon soit évaporé. Retirez du feu et incorporez le persil.

Par portion lipides 53,1 g ; 693 kcal

Les ris de veau doivent tremper dans l'eau froide avant cuisson.

Retirez la membrane extérieure puis coupez les ris en tranches épaisses.

Cervelles d'agneau panées et céleri rémoulade

Pour 4 personnes.

PRÉPARATION 30 MINUTES • TREMPAGE 2 HEURES • CUISSON 20 MINUTES

Interdites à la vente pendant quelque temps, les cervelles d'agneau ont, comme les ris de veau et autres abats, fait un retour sur les étals de nos marchés. Choisissez-les chez un bon boucher qui peut vous en garantir l'origine.

6 cervelles d'agneau
1 litre d'eau
1 c. s. de jus de citron
1 c. c. de sel
70 g de chapelure
2 oignons verts émincés
1 c. s. de persil plat frais finement ciselé
2 c. s. d'estragon frais finement ciselé
1/2 c. c. de poivre noir concassé
35 g de farine
1 œuf légèrement battu
2 c. s. de lait
huile végétale pour la friture

Céleri rémoulade

150 g de mayonnaise
200 g de céleri-rave grossièrement râpé
2 filets d'anchois égouttés et finement hachés
2 c. s. de câpres égouttées, rincées et finement hachées
1 c. s. de persil plat frais finement haché
1 c. s. de jus de citron

1 Retirez délicatement la bande médullaire blanche des cervelles et séparez les deux lobes. Mettez-les dans un saladier, couvrez d'eau froide et laissez tremper 2 heures au réfrigérateur. Égouttez.

2 Mettez les cervelles dans une casserole avec l'eau, le jus de citron et le sel puis portez à ébullition. Laissez frémir 5 minutes à découvert. Égouttez et laissez refroidir 10 minutes.

3 Pendant ce temps, préparez le céleri rémoulade.

4 Mélangez la chapelure, l'oignon, le persil, l'estragon et le poivre dans un saladier. Saupoudrez les cervelles de farine puis trempez-les dans l'œuf et le lait préalablement mélangés avant de les passer dans la chapelure aux herbes.

5 Faites chauffer l'huile dans une sauteuse et faites frire les cervelles jusqu'à ce qu'elles soient légèrement dorées. Procédez en plusieurs fois. Égouttez-les sur du papier absorbant. Servez-les accompagnées de céleri rémoulade et d'une salade verte.

Céleri rémoulade Mélangez tous les ingrédients dans un saladier en remuant délicatement. Servez frais.

Par portion lipides 56,9 g ; 699 kcal

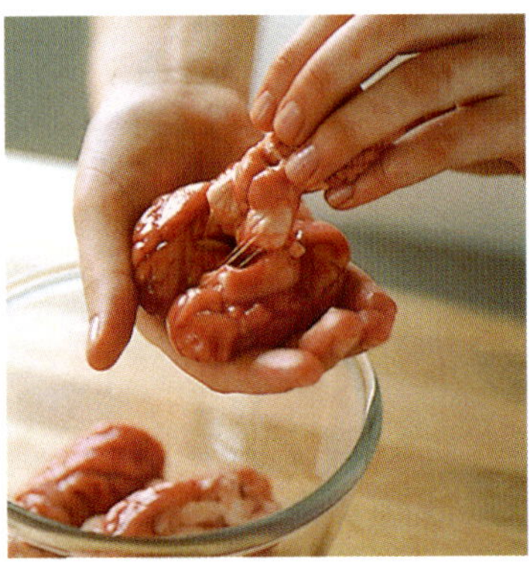

Retirez la partie centrale des cervelles en tirant délicatement avec les doigts.

Séparez les deux lobes et mettez-les dans un saladier rempli d'eau.

Cailles au bacon, sauce muscat

Pour 4 personnes.

PRÉPARATION 15 MINUTES • CUISSON 30 MINUTES

4 cailles
1 citron
20 g de beurre
4 tranches de bacon sans la couenne
80 ml de vin de muscat ou de vin blanc moelleux
250 g de haricots verts
125 ml de bouillon de volaille
150 g de grains de muscat coupés en deux

1 Préchauffez le four à 200 °C.
2 Retirez le cou des cailles.
3 Coupez le citron en deux et l'une des moitiés en quatre quartiers. Mettez un quartier de citron et un quart du beurre dans chaque caille. Plaquez les pattes le long du corps et enveloppez celui-ci d'une tranche de bacon bien serrée.
4 Mettez les cailles dans une cocotte, arrosez-les d'un filet de muscat et du jus du demi-citron restant. Enfournez et laissez rôtir 25 minutes, jusqu'à ce que les cailles soient cuites à cœur et dorées. Retirez-les de la cocotte et couvrez-les pour les garder chaudes.
5 Pendant ce temps, faites cuire les haricots verts à l'eau ou à la vapeur puis égouttez-les. Couvrez-les pour les garder chauds.
6 Mettez la cocotte sur le feu avec le jus et incorporez le reste du vin et le bouillon ; remuez jusqu'à ébullition puis laissez frémir pour faire réduire la sauce. Quand il ne vous reste plus que 100 ml de liquide, ajoutez les grains de raisin et faites-les chauffer rapidement en remuant délicatement. Servez les cailles nappées de sauce sur un lit de haricots verts.

Par portion lipides 21,6 g ; 362 kcal

Serrez les pattes le long du corps et enveloppez les cailles d'une tranche de bacon.

Salade composée

Pour 4 personnes.

PRÉPARATION 15 MINUTES • CUISSON 20 MINUTES

1 petite baguette
2 gousses d'ail pilées
60 ml d'huile d'olive
6 tranches de bacon coupées en fines lamelles
150 g de mesclun
6 tomates olivettes en tranches fines
4 œufs durs coupés en deux dans la longueur

Vinaigrette

60 ml de vinaigre de vin rouge
3 c. c. de moutarde de Dijon
80 ml d'huile d'olive

1 Préchauffez le gril du four.
2 Coupez la baguette en tranches de 1 cm. Mélangez l'huile et l'ail puis badigeonnez-en les tranches de pain avant de les faire griller au four.
3 Faites rissoler le bacon à sec dans une grande poêle jusqu'à ce qu'il soit croustillant. Égouttez-le sur du papier absorbant.
4 Pendant ce temps, préparez la vinaigrette.
5 Dans un grand saladier, disposez en couches successives le pain, le bacon, le mesclun et la tomate. Terminez par l'œuf. Arrosez d'un filet de vinaigrette et servez.

Vinaigrette Mettez tous les ingrédients dans un bocal muni d'un couvercle et secouez vigoureusement.

Par portion lipides 46 g ; 577 kcal

Salade d'épinards aux champignons et aux œufs pochés, sauce aux anchois

Pour 4 personnes.

PRÉPARATION 20 MINUTES • CUISSON 10 MINUTES

40 g de beurre
200 g de champignons de Paris coupés en grosses lamelles
100 g de pleurotes coupés en grosses lamelles
100 g de shiitake coupés en grosses lamelles
4 œufs
270 g de poivron grillé mariné dans l'huile, égoutté et émincé
300 g de pousses d'épinard

Sauce aux anchois

2 c. s. de sauge fraîche grossièrement ciselée
1 c. s. de câpres égouttées et rincées
6 filets d'anchois égouttés
2 c. s. de vinaigre balsamique
60 ml d'huile d'olive
2 c. s. d'eau

1 Préparez la sauce aux anchois.

2 Faites fondre le beurre dans une poêle et faites revenir les champignons en remuant, jusqu'à ce qu'ils soient tendres. Transférez-les dans un saladier et couvrez.

3 Versez de l'eau dans une grande casserole jusqu'à mi-hauteur et portez à ébullition. Cassez les œufs un à un dans une tasse puis faites-les glisser dans la casserole. Quand tous les œufs sont dans la casserole, ramenez au point d'ébullition. Couvrez aussitôt et éteignez le feu. Laissez reposer 4 minutes, jusqu'à ce qu'un léger film se forme sur le jaune. Retirez les œufs un à un à l'aide d'une écumoire et laissez-les égoutter sur du papier absorbant.

4 Versez la moitié de la sauce sur les champignons avant d'ajouter le poivron. Mélangez.

5 Répartissez les épinards sur les assiettes de service, garnissez de salade de champignons avant d'ajouter les œufs pochés. Arrosez d'un filet de sauce et servez.

Sauce aux anchois Mixez tous les ingrédients pour obtenir une sauce homogène.

Par portion lipides 32,5 g ; 466 kcal

Salade de lentilles au chèvre rôti

Pour 4 personnes.

PRÉPARATION 40 MINUTES • CUISSON 30 MINUTES

Les lentilles du Puy sont une variété de lentilles vertes originaires de la région du Puy, en Auvergne. Elles sont excellentes en salade car elles restent légèrement fermes après la cuisson.

1 poivron rouge épépiné et coupé en tranches épaisses
2 c. s. d'huile d'olive
110 g de lentilles du Puy rincées et égouttées
1 oignon jaune coupé en deux
1 feuille de laurier
16 brins de thym frais
300 g de fromage de chèvre mi-sec
2 c. s. de chapelure
2 c. c. de zeste de citron finement râpé
1 c. s. de persil plat frais grossièrement ciselé
250 g de tomates cerises coupées en deux
100 g de mesclun

Vinaigrette

1 c. s. de vinaigre de vin rouge
2 c. s. d'huile d'olive
1 c. c. de moutarde de Dijon
1 c. s. de sucre

1 Préchauffez le four à 220-230 °C.

2 Mélangez le poivron et l'huile dans un plat à rôtir. Enfournez et laissez cuire 15 minutes au four, jusqu'à ce que le poivron soit juste tendre.

3 Pendant ce temps, mettez les lentilles, l'oignon, le laurier et le thym dans une casserole. Couvrez d'eau froide et portez à ébullition. Réduisez le feu et laissez frémir 20 minutes à couvert, jusqu'à ce que les lentilles soient juste tendres. Égouttez-les. Retirez l'oignon, le laurier et le thym.

4 Pendant ce temps, préparez la vinaigrette en mettant tous les ingrédients dans un bocal puis en secouant vigoureusement.

5 Coupez le fromage en 16 parts que vous saupoudrez de chapelure. Faites chauffer le reste d'huile dans une poêle et faites dorer le fromage 5 minutes à découvert, jusqu'à ce qu'il soit doré de toutes parts.

6 Mélangez dans un saladier les lentilles, le zeste de citron, le persil, les tomates et deux tiers de la vinaigrette. Répartissez les lentilles sur les assiettes de service, déposez le poivron, le mesclun et le fromage puis arrosez d'un filet de vinaigrette restante.

Par portion lipides 31 g ; 425 kcal

Plats de fête

Filet de bœuf rôti aux petits légumes

Pour 6 personnes.

PRÉPARATION 45 MINUTES • CUISSON 50 MINUTES

1 kg de pommes de terre moyennes
40 g de beurre doux
60 ml d'huile d'olive
2 c. s. d'ail frais finement ciselé
1 kg de filet de bœuf
400 g de tomates cerises
400 g de mini-carottes
350 g de broccolinis
250 g de pâtisson jaune

Sauce béarnaise

80 ml de vinaigre de vin blanc
1/2 c. c. de poivre noir entier
2 oignons verts émincés
3 jaunes d'œufs
150 g de beurre doux fondu
2 c. c. d'estragon frais finement ciselé

Sauce aux champignons

1 oignon jaune moyen émincé
150 g de champignons de Paris
150 g de pleurotes en lamelles épaisses
125 ml de bouillon de bœuf
60 ml de vin rouge
60 ml de crème fraîche

1 Préchauffez le four à 220-230 °C.

2 Préparez la sauce béarnaise.

3 Coupez les pommes de terre en tranches de 1 cm d'épaisseur. Faites chauffer le beurre et la moitié de l'huile dans une poêle antiadhésive et faites dorer les pommes de terre à découvert, en les retournant de temps à autre. Réduisez le feu et laissez cuire 15 minutes à couvert, en remuant à plusieurs reprises, jusqu'à ce que les pommes de terre soient tendres. Ajoutez la ciboulette en fin de cuisson.

4 Pendant ce temps, faites chauffer le reste d'huile dans une cocotte et faites revenir le filet de bœuf de toutes parts. Continuez la cuisson au four pendant 5 minutes. Ajoutez alors les tomates et laissez cuire encore 10 minutes pour obtenir une viande saignante. Retirez le bœuf et les tomates de la cocotte et couvrez-les pour les garder chauds.

5 Préparez la sauce aux champignons.

6 Faites cuire séparément les carottes, les broccolinis et le pâtisson, à l'eau ou à la vapeur. Égouttez. Servez le bœuf en tranches sur un grand plat de service avec les pommes de terre et les légumes. Proposez les deux sauces à part.

Sauce béarnaise Mélangez dans une casserole le vinaigre, le poivre noir et l'oignon et portez à ébullition. Baissez le feu et laissez frémir 5 minutes à découvert, jusqu'à ce que le vinaigre ait réduit de moitié. Passez la réduction au tamis dans un saladier résistant au feu ; jetez les grains de poivre et l'oignon. Incorporez les jaunes d'œufs à la réduction en fouettant jusqu'à obtention d'un mélange homogène. Posez le saladier au-dessus d'une casserole d'eau frémissante et incorporez progressivement le beurre fondu, en un filet fin et régulier ; l'appareil doit épaissir légèrement. Retirez le saladier et ajoutez l'estragon. Couvrez la sauce pour la garder chaude.

Sauce aux champignons Faites chauffer à feu moyen la cocotte contenant les sucs de cuisson du bœuf puis faites revenir l'oignon et les champignons en remuant, jusqu'à ce que l'oignon soit tendre. Versez le bouillon, le vin et la crème et portez à ébullition. Baissez le feu et laissez frémir 10 minutes à découvert, en remuant sans cesse, jusqu'à ce que la sauce épaississe. Couvrez la sauce pour la garder chaude.

Par portion lipides 49,7 g ; 732 kcal

Cassoulet

Pour 6 personnes.

TREMPAGE 1 NUIT • PRÉPARATION 40 MINUTES • CUISSON 2 H 10

Notre version de ce grand classique du Sud-Ouest s'inspire des recettes traditionnelles du Languedoc et de Castelnaudary, mais nous l'avons modernisée pour la rendre plus rapide à réaliser et plus légère.

300 g de haricots blancs secs
300 g de poitrine de porc, sans la couenne, coupée en tranches fines
150 g de bacon entrelardé, coupé en dés de 1 cm
800 g d'épaule d'agneau désossée, coupée en cubes de 3 cm
1 gros oignon jaune émincé
1 petit poireau émincé
2 gousses d'ail pilées
3 brins de thym frais
400 g de tomates concassées en conserve
2 feuilles de laurier
250 ml d'eau
250 ml de bouillon de volaille
140 g de chapelure
1 petit bouquet de persil plat grossièrement ciselé

1. Mettez les haricots dans un saladier, recouvrez-les d'eau et laissez tremper une nuit. Égouttez, rincez à l'eau froide et égouttez à nouveau. Transférez les haricots dans une casserole d'eau bouillante et ramenez à ébullition. Baissez le feu et laissez frémir environ 15 minutes à couvert ; les haricots doivent être encore fermes. Égouttez.
2. Préchauffez le four à 170 °C.
3. Faites revenir le porc dans une cocotte et appuyez avec le dos d'une cuiller pour qu'il soit bien doré de toutes parts ; réservez. Faites rissoler le bacon dans la même cocotte, en remuant, jusqu'à ce qu'il soit croustillant ; réservez. Faites dorer l'agneau de toutes parts en plusieurs tournées ; réservez.
4. Dans la même cocotte, faites cuire l'oignon, le poireau et l'ail, jusqu'à ce que l'oignon soit tendre. Ajoutez le thym, les tomates avec leur jus, le laurier, l'eau, le bouillon, les haricots et les viandes. Portez à ébullition. Couvrez, enfournez et laissez cuire encore 45 minutes. Sortez la cocotte du four, saupoudrez de chapelure puis reprenez la cuisson au four pendant 45 minutes à découvert, jusqu'à ce que le jus soit quasiment absorbé.

Par portion lipides 27,6 g ; 514 kcal

Coq à la bière

Pour 4 personnes.

PRÉPARATION 30 MINUTES • CUISSON 1 H 50

Le coq à la bière est une spécialité d'Alsace. Dans cette recette, nous avons utilisé une bière blonde légère au lieu de la bière brune traditionnelle. La sauce offre ainsi une saveur plus délicate qui convient parfaitement au poulet.

1 coq ou 1 poulet de 1,4 kg
35 g de farine
40 g de beurre
2 grosses carottes
1 c. s. d'huile d'olive
6 échalotes
2 c. s. de cognac
375 ml de bière blonde
250 ml de bouillon de volaille
1 feuille de laurier
2 brins de thym frais
2 brins de persil plat frais
200 g de champignons
125 ml de crème fraîche

1 Coupez le coq en deux dans la longueur puis chaque moitié en deux dans la largeur. Séparez les blancs des ailes et les cuisses des pilons.

2 Farinez les morceaux. Faites fondre la moitié du beurre dans une sauteuse et faites revenir la viande sur toutes ses faces. Procédez en plusieurs fois.

3 Pendant ce temps, coupez les carottes en deux dans la longueur puis détaillez-les en lamelles épaisses.

4 Faites chauffer l'huile dans la sauteuse et faites dorer les échalotes 5 minutes, en remuant de temps à autre. Ajoutez les carottes et remuez pendant 5 minutes. Versez le cognac sans cesser de mélanger sur le feu, jusqu'à évaporation. Ajoutez la viande, la bière, le bouillon, le laurier, le thym et le persil puis portez à ébullition. Réduisez le feu et laissez mijoter 1 h 15 à découvert.

5 Faites fondre le beurre restant dans une poêle et faites cuire les champignons jusqu'à ce qu'ils soient tendres. Transférez les champignons dans la sauteuse, incorporez la crème et laissez mijoter 15 minutes à couvert. Servez le coq à la bière avec une purée de pommes de terre ou des pâtes fraîches.

Par portion lipides 51,2 g ; 733 kcal

Pot-au-feu au chou farci

Pour 6 personnes.

PRÉPARATION 45 MINUTES • CUISSON 1 H 45

2 jarrets de veau (1,5 kg)
2 grosses carottes grossièrement coupées
1 poireau moyen grossièrement émincé
2 petits navets grossièrement coupés
6 oignons blancs
1 feuille de laurier
750 ml de bouillon de volaille
1 litre d'eau
1 petit chou de Milan
250 g de viande de porc hachée
250 g de viande de poulet hachée
1 petit oignon jaune grossièrement émincé
50 g de chapelure

1 Mettez le veau, la carotte, le poireau, le navet, les oignons entiers, le laurier, le bouillon et l'eau dans une cocotte et portez à ébullition. Réduisez le feu et laissez mijoter environ 1 h 30 à découvert, jusqu'à ce que le veau soit tendre. Retirez les jarrets. Quand ils sont assez froids pour être manipulés, désossez-les et hachez grossièrement la viande.

2 Prélevez 12 grandes feuilles sur le chou et blanchissez-les 3 minutes dans une grande casserole d'eau bouillante. Procédez en plusieurs fois. Égouttez sur du papier absorbant. Ciselez finement 4 feuilles de chou crues et réservez le reste pour un autre usage.

3 Pendant ce temps, malaxez à la main dans un grand saladier le porc, le poulet, l'œuf, l'oignon, la chapelure et le chou cru ciselé. Répartissez cet appareil sur les feuilles de chou. Roulez les feuilles autour de la farce et maintenez-les en place à l'aide de piques en bois.

4 Remettez le veau dans la cocotte, ajoutez les feuilles de chou farcies et portez à ébullition. Baissez le feu et laissez frémir environ 10 minutes, à découvert, jusqu'à ce que les farcis soient cuits à cœur. Répartissez-les sur les assiettes de service et arrosez de bouillon et de légumes.

Par portion lipides 12,3 g ; 422 kcal

Roulez les feuilles de chou autour de la farce et maintenez-les avec des piques en bois.

L'ASTUCE DU CHEF

Pelez soigneusement les navets dont la peau est assez amère, surtout pour les gros navets.

Côtes de porc aux pommes farcies, sauce au cidre

Pour 4 personnes.

PRÉPARATION 20 MINUTES • CUISSON 1 HEURE

50 g de beurre
1 petit oignon jaune émincé
1 gousse d'ail pilée
1 tranche de bacon émincée
15 g de chapelure
2 prunes dénoyautées et émincées
2 c. s. de ciboulette fraîche finement ciselée
2 grosses pommes
4 côtes de porc
125 ml de cidre
2 c. c. de poivre vert séché grossièrement pilé
300 ml de crème fraîche

1 Préchauffez le four à 180-190 °C.

2 Faites fondre 40 g de beurre dans une poêle et faites revenir l'oignon, l'ail et le bacon en remuant, jusqu'à ce que l'oignon soit tendre. Incorporez la chapelure, les prunes et la moitié de la ciboulette.

3 Retirez le cœur des pommes et piquez la peau à la fourchette en plusieurs endroits. Tassez l'appareil à base de chapelure au centre des pommes et placez celles-ci dans un plat creux allant au feu. Faites fondre 10 g de beurre et badigeonnez-en les pommes. Enfournez et laissez cuire 30 minutes à découvert.

4 Pendant ce temps, huilez légèrement une grande poêle et faites dorer les côtes de porc 2 minutes de chaque côté. Transférez-les dans le plat de pommes et couvrez d'une feuille de papier d'aluminium. Faites cuire 15 minutes à four moyen, jusqu'à ce que la viande soit cuite.

5 Retirez les côtes de porc et les pommes du plat puis couvrez-les pour les garder chaudes. Incorporez le cidre et les grains de poivre dans le plat et faites chauffer 1 minute en remuant. Ajoutez la crème, portez à ébullition puis baissez le feu et laissez mijoter à découvert jusqu'à ce que la sauce ait légèrement épaissi. Incorporez alors le reste de ciboulette. Coupez les pommes en deux et répartissez-les sur les assiettes de service avec les côtes de porc. Nappez de sauce et servez avec une purée de pommes de terre.

Par portion lipides 41,9 g ; 611 kcal

Poitrine de porc et hachis de viande à la laitue braisée

Pour 6 personnes.

PRÉPARATION 40 MINUTES • RÉFRIGÉRATION 1 HEURE • CUISSON 40 MINUTES

4 merguez
200 g de viande de porc hachée
1 c. c. de thym frais finement ciselé
500 g de poitrine de porc, sans la couenne
220 g de sucre
125 ml de jus de pomme
310 ml de bouillon de volaille
20 g de beurre
2 grosses laitues beurre ciselées

1 Incisez la peau des merguez avec un couteau bien aiguisé, ôtez-la et jetez-la. Mélangez la chair avec le porc haché et le thym dans un saladier. Roulez cet appareil pour former une saucisse de 5 cm de diamètre et de 20 cm de long. Enveloppez cette dernière d'une feuille de papier sulfurisé puis d'une feuille de papier d'aluminium en serrant bien. Torsadez les extrémités. Enveloppez le tout d'un film alimentaire bien fermé aux extrémités et laissez reposer 1 heure au réfrigérateur.

2 Pendant ce temps, coupez la poitrine de porc en tranches de 1 cm d'épaisseur puis recoupez chaque tranche en deux. Faites-les revenir 10 minutes dans une poêle antiadhésive en pressant avec le dos d'une cuiller, jusqu'à ce que la poitrine soit dorée et croustillante. Égouttez sur du papier absorbant.

3 Faites pocher le hachis de viande 30 minutes dans de l'eau bouillante salée.

4 Pendant ce temps, mélangez le sucre et le jus de pomme dans une casserole à fond épais. Faites chauffer sans bouillir, jusqu'à dissolution du sucre, puis portez à ébullition. Baissez le feu et laissez mijoter 10 minutes à découvert, sans remuer, jusqu'à ce que la sauce se colore. Incorporez progressivement 250 ml de bouillon et remuez jusqu'à ce que la sauce soit lisse.

5 Faites fondre le beurre dans une casserole et faites cuire la laitue 5 minutes en remuant. Versez le reste de bouillon et laissez chauffer à découvert jusqu'à absorption du liquide.

6 Réchauffez la sauce à la pomme jusqu'au point d'ébullition. Ajoutez alors la poitrine de porc et faites-la réchauffer 2 minutes en remuant.

7 Déballez le hachis de viande et coupez-le en 12 tranches épaisses. Répartissez la laitue, le hachis et la poitrine de porc dans les assiettes de service. Nappez de sauce et servez aussitôt.

Par portion lipides 40,7 g ; 671 kcal

Incisez les merguez avec un couteau bien aiguisé et jetez les peaux.

Roulez la saucisse dans du papier sulfurisé puis dans du papier d'aluminium.

Coupez la poitrine de porc en tranches de 1 cm d'épaisseur.

Médaillons de veau sauce poivrade et gratin de pommes de terre

Pour 6 personnes.

PRÉPARATION 30 MINUTES • CUISSON 1 H 20 • REPOS 20 MINUTES

La sauce poivrade, à base de vinaigre, de poivre et de parures de viande, est le complément idéal de ces tendres médaillons de veau.

2 filets de veau (1,2 kg)
40 g de beurre
2 échalotes émincées
1 petite carotte émincée
1 branche de céleri émincée
1 gousse d'ail pilée
2 c. s. de poivre noir entier grossièrement pilé
1 c. s. de farine
2 c. s. de vinaigre de vin rouge
250 ml de vin rouge
500 ml de bouillon de bœuf
2 c. s. de gelée de groseilles

Gratin de pommes de terre

430 ml de crème fraîche
180 ml de lait
2 gousses d'ail pilées
1 kg de pommes de terre coupées en tranches de 2 mm
1 oignon jaune moyen émincé
2 c. s. de parmesan frais finement râpé

1 Préparez le gratin de pommes de terre.

2 Parez les filets de veau et émincez grossièrement les parures. Coupez chaque filet en neuf tranches et aplatissez-les avec le plat d'un gros couteau ou un pilon à viande.

3 Faites fondre la moitié du beurre dans une casserole et faites cuire les parures de veau, l'échalote, la carotte, le céleri, l'ail et le poivre en remuant, jusqu'à ce que l'oignon soit tendre. Incorporez la farine et continuez la cuisson en remuant, jusqu'à ce que la préparation forme des bulles et épaississe. Versez le vinaigre et continuez la cuisson jusqu'à évaporation. Ajoutez petit à petit le vin et le bouillon et remuez jusqu'à ce que le mélange bouillonne et épaississe. Baissez le feu et laissez frémir à découvert jusqu'à réduction (il doit rester environ 350 ml de liquide). Passez au tamis dans un petit saladier et jetez les éléments solides. Transférez ce jus dans la même casserole puis incorporez en battant la gelée de groseilles et le restant de beurre jusqu'à ce que la sauce soit lisse.

4 Pendant ce temps, faites dorer les tranches de veau 45 secondes de chaque côté dans une poêle légèrement huilée. Procédez en plusieurs fois. Répartissez le gratin de pommes de terre dans les assiettes de service, ajoutez les médaillons de veau et nappez de sauce.

Gratin de pommes de terre Préchauffez le four à 200 °C. Mélangez la crème, le lait et l'ail dans une casserole et portez à ébullition. Mélangez cet appareil et les tranches de pommes de terre dans un saladier. Huilez un moule carré de 19 cm de côté et disposez la moitié des pommes de terre en une couche. Couvrez avec une couche d'oignon et terminez par le reste des pommes de terre. Couvrez d'une feuille de papier d'aluminium et faites cuire 1 heure au four. Retirez le papier d'aluminium et prolongez la cuisson 20 minutes, jusqu'à ce que les pommes de terre soient tendres et légèrement dorées en surface. Laissez reposer 20 minutes avant de découper le gratin.

Par portion lipides 37,2 g ; 695 kcal

L'astuce du chef

Coupez les pommes de terre avec une mandoline pour obtenir des tranches régulières.

Jarret de veau aux champignons

Pour 4 personnes.

PRÉPARATION 15 MINUTES • CUISSON 2 H 15

40 g de beurre
4 tranches de jarret de veau (1 kg)
2 gousses d'ail pilées
1 c. s. de feuilles de romarin frais
125 ml de porto
250 ml de bouillon de bœuf

Ragoût de champignons

40 g de beurre
2 gousses d'ail pilées
100 g de champignons de Paris coupés en grosses lamelles
200 g de pleurotes coupés en gros morceaux
200 g de shiitake coupés en grosses lamelles
1 poivron rouge moyen grossièrement émincé
1 poivron vert moyen grossièrement émincé
125 ml de bouillon de bœuf
2 c. s. de porto

1 Préchauffez le four à 170 °C.

2 Faites fondre le beurre dans une cocotte allant au four et faites revenir le veau sur les deux faces, à découvert. Ajoutez l'ail, le romarin, le porto et le bouillon. Enfournez et laissez cuire 2 h 15 à couvert.

3 Pendant ce temps, préparez le ragoût de champignons.

4 Répartissez le ragoût de champignons et les jarret de veau sur les assiettes de service. Accompagnez de polenta ou de purée de pommes de terre.

Ragoût de champignons Faites fondre le beurre dans une sauteuse et faites revenir l'ail, les champignons et le poivron jusqu'à ce que les légumes soient tendres et légèrement dorés. Versez le bouillon et le porto puis continuez la cuisson 30 minutes à couvert.

Par portion lipides 21 g ; 453 kcal

Foie de veau persillade et purée de panais

Pour 4 personnes.

PRÉPARATION 15 MINUTES • CUISSON 30 MINUTES

La persillade est un mélange d'ail et de persil hachés utilisé traditionnellement pour relever un mets ou une sauce. Le secret d'un foie de veau tendre réside dans sa découpe en tranches très fines et juste saisies à feu vif.

1 kg de panais coupés en gros morceaux
300 g de pommes de terre coupées en gros morceaux
3 gousses d'ail
125 ml de crème fraîche
100 g de beurre
250 g d'asperges
400 g de foie de veau émincé
1 échalote émincée
125 ml de bouillon de volaille
1 c. s. de jus de citron
1 petit bouquet de persil plat ciselé

1 Faites cuire séparément, à l'eau ou à la vapeur, le panais et la pomme de terre puis égouttez-les. Pilez 2 gousses d'ail. Transférez le panais, la pomme de terre, l'ail pilé, la crème et la moitié du beurre dans un récipient et réduisez le tout en purée. Couvrez et réservez au chaud.

2 Faites cuire les asperges à l'eau ou à la vapeur puis égouttez-les. Couvrez et réservez.

3 Séchez le foie de veau avec du papier absorbant. Faites fondre 1 cuillerée à soupe du beurre restant dans une poêle et saisissez rapidement le foie de veau à feu vif, en plusieurs tournées, jusqu'à ce qu'il soit doré des deux côtés. Couvrez et réservez.

4 Pour la persillade, faites chauffer le reste de beurre dans la même poêle. Hachez finement la dernière gousse d'ail et l'échalote et faites-les cuire, en remuant, jusqu'à ce que l'échalote soit tendre. Versez le bouillon et le jus de citron puis portez à ébullition en remuant. Retirez du feu et incorporez le persil. Servez le foie de veau avec la purée et les asperges. Arrosez le tout de persillade.

Par portion lipides 41,3 g ; 616 kcal

L'ASTUCE DU CHEF

Pelez très soigneusement les panais dont la peau est amère.

Salade de foies de volaille et cubes de polenta frits

Pour 6 personnes.

PRÉPARATION 30 MINUTES • CUISSON 45 MINUTES
RÉFRIGÉRATION 3 HEURES

500 ml d'eau
500 ml de bouillon de volaille
170 g de polenta
20 g de beurre
2 c. s. de parmesan frais finement râpé
huile
1 kg de foies de volailles
250 ml de lait
75 g de farine
1 c. c. de sel
1 c. c. de poivre noir concassé
60 ml d'huile d'olive
150 g de pousses d'épinard
1 petit oignon rouge émincé
60 g de fromage bleu ferme

Vinaigrette à l'échalote

3 échalotes émincées
2 c. s. de vinaigre de vin rouge
2 c. s. d'huile d'olive

1 Huilez un moule rectangulaire.

2 Mettez l'eau et le bouillon dans une casserole et portez à ébullition. Versez la polenta en pluie fine, en remuant sans cesse. Baissez le feu et laissez cuire 10 minutes sans cesser de remuer jusqu'à ce que la polenta épaississe. Incorporez le beurre et le parmesan puis étalez le mélange dans le moule et laissez refroidir 10 minutes. Couvrez et laissez reposer 3 heures au réfrigérateur, jusqu'à ce que la polenta soit ferme. Coupez-la en carrés de 2 cm.

3 Pendant ce temps, préparez la vinaigrette à l'échalote.

4 Préchauffez le four à 180-190 °C.

5 Huilez deux plaques de cuisson et étalez les cubes de polenta en une seule couche. Badigeonnez-les légèrement d'huile. Laissez cuire 30 minutes au four, jusqu'à ce que la polenta soit croustillante et légèrement dorée.

6 Pendant ce temps, faites tremper les foies 30 minutes dans le lait. Coupez-les pour séparer les deux lobes puis farinez-les. Salez et poivrez. Faites chauffer l'huile dans une poêle et faites dorer les foies 5 minutes à feu vif, jusqu'à ce qu'ils soient cuits à votre goût. Égouttez sur du papier absorbant.

7 Mélangez les épinards, l'oignon, les croûtons, les foies et la vinaigrette dans un saladier. Remuez délicatement. Servez la salade parsemée de fromage émietté.

Vinaigrette à l'échalote Mettez tous les ingrédients dans un bocal doté d'un couvercle et secouez vigoureusement.

Par portion lipides 31,5 g ; 565 kcal

Coupez les foies de volaille pour séparer les deux lobes.

Steaks aux échalotes confites et purée de pommes de terre

Pour 4 personnes.

PRÉPARATION 20 MINUTES • CUISSON 40 MINUTES

1 kg de pommes de terre coupées en gros morceaux
50 g de beurre coupé en petits morceaux
125 ml de crème fraîche
16 échalotes
3 oignons verts
2 c. c. d'huile d'olive
20 g de beurre
1 c. c. de sucre brun
80 ml de vin rouge
500 ml de bouillon de bœuf
4 steaks dans le filet de 150 g

1 Faites cuire les pommes de terre à l'eau ou à la vapeur jusqu'à ce qu'elles soient tendres. Égouttez-les et mettez-les dans un saladier avec le beurre en morceaux et la crème. Écrasez-les au presse-purée. Couvrez et réservez.

2 Pendant la cuisson des pommes de terre, épluchez les échalotes et coupez les oignons en tronçons de 8 cm de long. Faites chauffer l'huile et les 20 g de beurre dans une poêle puis faites revenir les échalotes et l'oignon en remuant, jusqu'à ce que les échalotes soient tendres et légèrement dorées.

3 Retirez l'oignon et réservez-le. Saupoudrez les échalotes de sucre et laissez caraméliser 10 minutes à feu doux, en remuant.

4 Ajoutez le vin et le bouillon dans la poêle, portez à ébullition puis laissez mijoter 10 minutes sans couvrir, jusqu'à ce que la sauce ait légèrement épaissi. Remettez l'oignon dans la poêle et laissez mijoter 2 minutes à découvert.

5 Pendant ce temps, faites cuire la viande sur un gril en fonte préchauffé, jusqu'à ce qu'elle soit cuite à votre goût. Répartissez la purée, les steaks et les échalotes dans les assiettes de service. Arrosez de jus caramélisé et servez aussitôt.

Par portion lipides 34,4 g ; 626 kcal

Entrecôte maître d'hôtel et pommes frites

Pour 4 personnes.

PRÉPARATION 20 MINUTES • TREMPAGE 1 HEURE • CUISSON 30 MINUTES

Le grand classique des bistrots reste indéniablement le steak frites, souvent servi avec un beurre maître d'hôtel, c'est-à-dire travaillé en pommade avec du persil et de l'ail.

900 g de grosses pommes de terre
1 1/2 c. s. de poivre noir concassé
2 c. c. de sel
4 entrecôtes de 250 g
huile d'arachide pour la friture

Beurre maître d'hôtel

1 gousse d'ail
60 g de beurre
2 c. s. de basilic frais finement ciselé
2 c. s. de persil plat frais finement ciselé

1 Coupez les pommes de terre en frites de 5 mm de section puis faites-les tremper 1 heure dans l'eau froide. Égouttez et séchez avec du papier absorbant.

2 Pendant ce temps, préparez le beurre maître d'hôtel.

3 Mélangez le sel et le poivre dans un grand plat et pressez les steaks dedans sur les deux faces. Laissez reposer pendant que vous faites cuire les frites.

4 Faites chauffer l'huile d'arachide dans une friteuse et faites cuire les frites 3 minutes ; elles doivent être encore fermes, sans coloration. Égouttez-les sur du papier absorbant.

5 Préchauffez un gril en fonte pour la cuisson des entrecôtes. Pendant qu'il chauffe, faites cuire les frites une seconde fois dans l'huile très chaude, jusqu'à ce qu'elles soient dorées et croustillantes. Égouttez-les.

6 Faites cuire les entrecôtes à votre convenance.

7 Dressez les entrecôtes sur les assiettes de service, garnissez-les d'une tranche de beurre maître d'hôtel et servez avec des frites.

Beurre maître d'hôtel Mettez tous les ingrédients dans un bol et pétrissez-les pour en faire une pâte homogène. Enveloppez le beurre dans du film alimentaire bien serré et façonnez-le en rouleau. Faites-le raffermir au réfrigérateur. Coupez-le en tranches au moment de servir.

Par portion lipides 51,6 g ; 816 kcal

Tourtes bourguignonnes

Pour 6 personnes.

PRÉPARATION 30 MINUTES • CUISSON 2 HEURES

12 oignons grelots
6 tranches de bacon émincées
2 c. s. d'huile d'olive
400 g de champignons
1 kg de gîte de bœuf coupé en cubes de 2 cm
35 g de farine
1 c. s. de concentré de tomates
2 c. c. de feuilles de thym frais
250 ml de vin rouge
500 ml de bouillon de bœuf
750 g de frites surgelées
2 rouleaux de pâte feuilletée
huile végétale
1 petit bouquet de persil plat ciselé

1 Pelez les oignons et coupez-les en deux dans la longueur.

2 Faites rissoler le bacon dans une sauteuse en remuant, jusqu'à ce qu'il soit croustillant. Égouttez sur du papier absorbant. Faites revenir les oignons de toutes parts dans la même sauteuse puis réservez-les. Faites chauffer 2 cuillerées à café d'huile dans la même sauteuse et faites à peine dorer les champignons ; réservez.

3 Farinez le bœuf. Faites chauffer le reste d'huile dans la sauteuse et faites dorer les morceaux de bœuf en plusieurs tournées. Ajoutez le bacon et les oignons puis le concentré de tomates et le thym. Laissez cuire 2 minutes en remuant. Versez enfin le vin et le bouillon puis portez à ébullition. Baissez le feu, couvrez et laissez mijoter 1 heure. Incorporez les champignons et prolongez la cuisson à feu doux pendant 40 minutes sans couvrir, en remuant de temps à autre. Au bout de tout ce temps, le bœuf doit être très tendre.

4 Préchauffez le four à 220-230 °C. Faites cuire les frites en suivant les instructions mentionnées sur l'emballage.

5 Étalez la pâte feuilletée sur le plan de travail. Posez dessus un ramequin et découpez un cercle de pâte au diamètre de ce dernier. Répétez l'opération six fois. Placez les couvercles de pâte sur une plaque de cuisson huilée et badigeonnez-les légèrement d'huile. Faites cuire au four 4 minutes pour que la pâte soit légèrement dorée.

6 Pendant ce temps, incorporez le persil au bœuf bourguignon et répartissez celui-ci dans les ramequins. Couvrez d'un couvercle de pâte. Servez avec les frites.

Par portion lipides 45,6 g ; 1 010 kcal

Découpez les couvercles de pâte en vous aidant d'un ramequin.

L'ASTUCE DU CHEF

Si vous préparez des frites maison, procédez comme indiqué page 71.

Magrets de canard aux figues et risoni aux épinards

Pour 4 personnes.

PRÉPARATION 20 MINUTES • CUISSON 25 MINUTES

Les risoni sont de petites pâtes en forme de grain de riz. Elles sont délicieuses dans une soupe, dans un ragoût ou en garniture d'un plat principal.

4 magrets de canard de 150 g
4 brins de romarin frais
4 feuilles de laurier
200 g de risoni
40 g de beurre
200 g de pousses d'épinards
1 petit oignon jaune émincé
6 figues sèches coupées en quatre
250 ml de porto
250 ml de bouillon de volaille

1 Décollez partiellement à la main la graisse et la chair des magrets puis glissez dans cette poche 1 brin de romarin et 1 feuille de laurier. Piquez la peau à la fourchette en plusieurs endroits. Préchauffez une poêle puis faites cuire les magrets environ 8 minutes, la peau en dessous, jusqu'à ce que celle-ci soit dorée et croustillante. Retournez les magrets et poursuivez la cuisson pendant 5 minutes environ, selon votre niveau de cuisson préféré. Retirez-les de la poêle et couvrez-les.

2 Faites cuire les pâtes dans un grand volume d'eau bouillante salée puis égouttez-les. Transférez-les dans un saladier avec 20 g de beurre et les pousses d'épinards ; mélangez délicatement le tout. Couvrez pour conserver la chaleur.

3 Faites fondre l'oignon dans la poêle, en remuant. Ajoutez les figues, le porto et le bouillon puis portez à ébullition. Baissez le feu et laissez mijoter environ 5 minutes, en remuant, jusqu'à ce que la sauce épaississe. Incorporez le reste de beurre et battez jusqu'à ce que le mélange soit homogène. Coupez les magrets en tranches fines et servez-les accompagnés de risoni et de sauce aux figues.

Par portion lipides 64,7 g ; 976 kcal

Décollez délicatement la peau des magrets pour former une poche.

Cuisses de canard aux griottes et salade de pommes aux noix

Pour 4 personnes.

PRÉPARATION 40 MINUTES • CUISSON 2 HEURES

1 boîte de griottes
125 ml de bouillon de volaille
125 ml de porto
1 bâton de cannelle
3 clous de girofle
1 gousse d'ail pilée
4 cuisses de canard (1,2 kg) dégraissées
2 petites pommes vertes
100 g de noix grillées grossièrement concassées
3 oignons verts émincés
1 bouquet de persil plat en feuilles
2 c. s. d'huile d'olive
1 c. s. de jus de citron

1 Préchauffez le four à 170 °C.

2 Égouttez les griottes au-dessus d'un saladier. Mélangez leur jus avec le bouillon, le porto, le bâton de cannelle, les clous de girofle et l'ail dans un plat à rôtir. Posez les cuisses de canard sur une grille métallique au-dessus du plat à rôtir et couvrez-les d'une feuille de papier d'aluminium bien serrée. Enfournez et laissez rôtir environ 2 heures, jusqu'à ce que la viande soit tendre. Passez le jus de cuisson au tamis et dégraissez-le.

3 Coupez les pommes en tranches minces puis coupez celles-ci en allumettes. Transférez la pomme dans un saladier avec les cerises dénoyautées, les noix, l'oignon, le persil, l'huile et le jus de citron ; mélangez délicatement le tout. Servez le canard accompagné de salade de pommes et de sauce aux griottes.

Par portion lipides 40 g ; 717 kcal

L'ASTUCE DU CHEF

Émincez les pommes au dernier moment pour éviter qu'elles ne noircissent.

Poulet rôti aux 40 gousses d'ail

Pour 4 personnes.

PRÉPARATION 20 MINUTES • CUISSON 1 H 20 • REPOS 20 MINUTES

3 à 4 belles têtes d'ail
60 g de beurre ramolli
1 poulet de 1,5 kg
2 c. c. de fleur de sel
2 c. c. de poivre noir concassé
250 ml d'eau

Pommes de terre rôties

1 kg de petites pommes de terre nouvelles
huile végétale

1 Préchauffez le four à 200 °C.

2 Séparez les gousses d'ail sans retirer la peau. Enduisez de beurre l'extérieur et l'intérieur du poulet. Mélangez le sel et le poivre puis étalez le mélange sur le poulet en pressant bien pour qu'il adhère à la peau. Farcissez le poulet avec la moitié des gousses d'ail et liez les pattes avec de la ficelle de cuisine.

3 Disposez le reste des gousses d'ail en une seule couche dans un plat à rôtir et posez le poulet dessus. Versez délicatement l'eau dans le plat, enfournez et laissez rôtir 1 h 20 à découvert, jusqu'à ce que le poulet soit cuit à cœur et bien doré. Arrosez-le régulièrement pendant la cuisson.

4 Pendant ce temps, préparez les pommes de terre rôties.

5 Dressez le poulet sur un plat de service, couvrez d'une feuille de papier d'aluminium et laissez reposer 15 minutes. Découpez-le et servez avec les gousses d'ail entières et les pommes de terre.

Pommes de terre rôties Faites cuire les pommes de terre 5 minutes à l'eau ou à la vapeur puis égouttez-les. Séchez-les avec du papier absorbant et laissez-les refroidir 10 minutes. Disposez-les en une seule couche dans un grand plat et badigeonnez-les d'huile. Enfournez et laissez cuire pendant les 30 dernières minutes de la cuisson du poulet, jusqu'à ce que les pommes de terre soient tendres.

Par portion lipides 42,9 g ; 719 kcal

Coquelets en crapaudine aux lentilles du Puy

Pour 4 personnes.

PRÉPARATION 40 MINUTES • CUISSON 1 HEURE

Les lentilles du Puy sont des petites lentilles vertes. Elles sont excellentes et ne se défont pas à la cuisson. Vous pouvez les remplacer par une autre variété de lentilles vertes.

1 c. s. d'huile d'olive
1 oignon jaune moyen haché finement
1 petite carotte émincée
1 branche de céleri émincée
1 gousse d'ail pilée
220 g de lentilles du Puy
875 ml de bouillon de volaille
4 coquelets de 500 g chacun
40 g de beurre
2 c. c. de thym frais ciselé
250 ml de vin blanc sec

1 Préchauffez le four à 220-230 °C.

2 Faites chauffer l'huile dans une casserole et faites revenir l'oignon, la carotte, le céleri et l'ail en remuant de temps à autre, jusqu'à ce que l'oignon soit tendre. Ajoutez les lentilles et 500 ml de bouillon puis portez à ébullition. Baissez le feu et laissez mijoter environ 40 minutes à couvert, jusqu'à ce que les lentilles soient tendres mais encore un peu croquantes.

3 Pendant ce temps, ouvrez les coquelets le long de la colonne vertébrale et aplatissez-les avec le plat de la main. Détachez délicatement la peau de la chair pour former une poche. Mélangez le beurre et le thym puis étalez cette préparation sous la peau de chaque coquelet. Déposez ces derniers sur la grille du four et faites-les rôtir 25 minutes, jusqu'à ce qu'ils soient bien cuits.

4 Mélangez le vin et le reste du bouillon dans une casserole et portez à ébullition. Laissez bouillonner 20 minutes à découvert pour faire réduire la sauce (il doit en rester environ 200 ml). Disposez les coquelets sur un lit de lentilles et nappez-les de sauce au moment de servir.

Par portion lipides 52,4 g ; 879 kcal

Ouvrez les coquelets le long de la colonne vertébrale.

Appuyez sur le sternum pour aplatir les coquelets.

Étalez le beurre sur la chair en soulevant la peau.

Coquelets rôtis et aumônières au canard

Pour 4 personnes.

PRÉPARATION 30 MINUTES • CUISSON 45 MINUTES

Les baies de genièvre sont les fruits séchés d'un conifère, le genévrier, que l'on trouve dans les épiceries fines.

2 coquelets de 500 g
40 g de beurre ramolli
6 baies de genièvre pilées
1 c. s. de feuilles de thym citronnelle
1 citron coupé en quatre
1 c. s. de jus de citron
250 ml de bouillon de volaille

Aumônières au canard

30 g de beurre
1 petit oignon jaune finement haché
2 gousses d'ail pilées
150 g de magret de canard haché finement
2 c. c. de zeste de citron finement râpé
1 c. c. de feuilles de thym frais
2 feuilles de pâte filo

1 Préchauffez le four à 180-190 °C.

2 Travaillez le beurre en pommade avec les baies pilées et le thym. Pincez la peau et incisez-la pour introduire ce mélange entre la chair et la peau ; enduisez également l'extérieur des coquelets. Placez 2 quartiers de citron dans la cavité abdominale de chacun.

3 Posez les volailles sur une grille, au-dessus de la lèchefrite, et faites-les rôtir 40 minutes, jusqu'à ce qu'elles soient cuites à cœur et bien dorées.

4 Pendant ce temps, préparez les aumônières.

5 Retirez les coquelets du four et couvrez-les. Versez le jus de citron et le bouillon dans la lèchefrite pour déglacer les sucs de cuisson puis transférez le liquide dans une casserole et laissez frémir 5 minutes à découvert.

6 Coupez les coquelets en deux. Dressez chaque moitié sur une assiette de service avec les aumônières et nappez de sauce. Accompagnez de brocolis cuits à la vapeur.

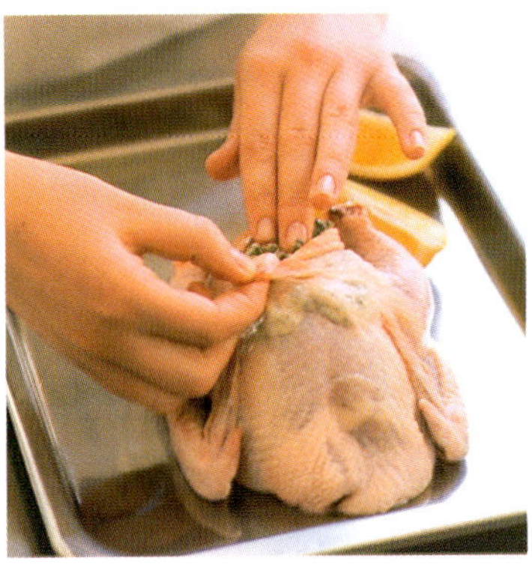

Introduisez le beurre en pommade entre chair et peau.

Aumônières au canard Faites fondre 20 g de beurre dans une poêle et faites fondre l'oignon et l'ail en remuant. Laissez refroidir 5 minutes. Mélangez l'oignon, la viande de canard hachée, le zeste de citron et le thym dans un récipient. Faites fondre le beurre restant et badigeonnez-en 1 feuille de pâte filo et couvrez avec la seconde feuille de pâte. Coupez ce feuilletage en huit carrés de 13 cm. Déposez 1 cuillerée à soupe rase de farce au canard au centre de chaque carré et rabattez les coins vers le centre pour former des aumônières ; maintenez celles-ci avec de la ficelle de cuisine. Faites-les rôtir 10 minutes à four moyen, jusqu'à ce qu'elles soient cuites à cœur.

Par portion lipides 54,2 g ; 750 kcal

Filets de truite au cidre et au cognac

Pour 4 personnes.

PRÉPARATION 25 MINUTES • CUISSON 30 MINUTES

2 échalotes finement hachées
80 ml de cognac
80 ml de cidre
60 ml d'eau
60 ml de crème fraîche
125 g de beurre coupé en morceaux
35 g de farine
1 c. c. de sel
1 c. c. de poivre noir concassé
4 filets de truite sans arêtes
1 c. s. d'huile d'olive
80 g de petites feuilles de roquette

1 Mélangez l'échalote, le cognac, le cidre et l'eau dans une casserole et portez à ébullition. Baissez le feu et laissez mijoter 5 minutes à découvert, jusqu'à évaporation de presque tout le liquide.

2 Incorporez la crème et laissez mijoter 5 minutes à découvert. Ajoutez le beurre en plusieurs fois, en battant bien entre chaque ajout. Passez cette sauce au tamis et couvrez pour réserver au chaud ; jetez l'échalote.

3 Mélangez la farine, le sel et le poivre dans un plat puis farinez les filets de truite.

4 Faites chauffer l'huile dans une grande poêle et faites cuire le poisson sur les deux faces, jusqu'à ce qu'il soit doré et cuit à votre goût. Répartissez la roquette dans les assiettes de service, posez les filets de truite dessus et arrosez d'un filet de sauce.

Par portion lipides 41,7 g ; 576 kcal

Saumon rôti au velouté de poireau

Pour 6 personnes.

PRÉPARATION 30 MINUTES • CUISSON 30 MINUTES

Le velouté, sauce blanche basée sur un roux blanc (mélange de farine et de beurre fondu cuit sans coloration) et sur un fond blanc ou un fumet, est l'une des bases de la gastronomie dont s'inspirent de nombreuses sauces.

3 poireaux moyens
100 g de beurre
2 c. s. de farine
125 ml de vin blanc sec
250 ml de bouillon de volaille
1 c. c. de moutarde de Dijon
375 g de fettucine sèches
30 g de cerfeuil frais grossièrement ciselé
1 c. s. d'huile d'olive
6 filets de saumon de 200 g chacun
50 g d'œufs de saumon

1 Coupez les poireaux en tronçons de 8 cm avant de les détailler dans la longueur en très fines lanières.

2 Faites fondre 80 g de beurre dans une casserole et faites cuire le poireau à feu moyen pendant 15 minutes, en remuant de temps à autre. Incorporez la farine et remuez encore 2 minutes sur le feu. Versez progressivement le vin et le bouillon sans cesser de remuer puis ajoutez la moutarde ; laissez frémir jusqu'à ce que le velouté bouillonne et épaississe. Couvrez.

3 Pendant ce temps, faites cuire les pâtes dans un grand volume d'eau bouillante salée. Égouttez-les et transférez-les dans un saladier. Incorporez le cerfeuil et le reste de beurre.

4 Faites chauffer l'huile dans une poêle et faites revenir les filets de saumon sur les deux faces jusqu'à ce qu'ils soient dorés et cuits à votre goût. Répartissez les pâtes dans les assiettes de service, nappez de sauce puis ajoutez les filets de saumon. Garnissez d'œufs de saumon et servez aussitôt.

Par portion lipides 32,8 g ; 713 kcal

Pithiviers de légumes

Pour 4 personnes.

PRÉPARATION 45 MINUTES • CUISSON 2 H 05

10 grosses tomates olivettes coupées en quatre
2 c. c. de sucre brun
80 ml d'huile d'olive
2 c. s. de vinaigre de vin rouge
2 gros poivrons rouges coupés en deux
30 g de beurre
2 grosses courgettes émincées
560 g de champignons de Paris émincés
1 gousse d'ail pilée
1 c. s. de porto
5 rouleaux de pâte feuilletée
1 jaune d'œuf
1 c. s. de lait
50 g de pousses d'épinards

1 Préchauffez le four à 180-190 °C.

2 Mélangez la tomate, le sucre, la moitié de l'huile et la moitié du vinaigre dans un saladier. Disposez les quartiers de tomates sur une plaque de four, la peau en dessous. Enfournez et laissez rôtir 1 h 40 à découvert puis transférez les tomates dans le saladier et écrasez-les grossièrement en retirant la peau. Couvrez et réservez.

3 Pendant la cuisson des tomates, posez les poivrons sur la plaque de four, la peau en dessous. Laissez cuire 40 minutes, jusqu'à ce qu'ils soient tendres. Mettez-les dans un sac en plastique, fermez soigneusement et laissez refroidir. Pelez les poivrons, retirez les membranes, épépinez et émincez finement la chair.

4 Pendant la cuisson des légumes, faites fondre le beurre dans une grande poêle et faites cuire les courgettes 5 minutes en remuant, jusqu'à ce qu'elles soient tendres. Transférez-les dans un récipient, couvrez et réservez. Faites cuire les champignons et l'ail dans la même poêle pendant 5 minutes ; les champignons doivent être tendres. Versez le porto et continuez la cuisson en remuant, jusqu'à évaporation du liquide.

5 Découpez huit carrés de pâte d'environ 12 cm de côté. Posez un des carrés sur une plaque de cuisson légèrement huilée et placez au centre un emporte-pièce de 9 cm de diamètre. Garnissez l'intérieur en faisant alterner successivement un quart des champignons, un quart des courgettes et un quart du poivron ; retirez délicatement l'emporte-pièce. Battez le jaune d'œuf et le lait dans un bol puis badigeonnez-en les bords du carré de pâte. Couvrez le tour d'un autre carré de pâte en pressant bien sur les côtés pour les sceller. Découpez la pâte tout autour pour former un disque et décorez la surface du pithiviers avec la pointe d'un couteau, en veillant à ne pas percer la pâte. Répétez l'opération pour obtenir quatre pithiviers.

6 Faites cuire les pithiviers 25 minutes au four, jusqu'à ce que la pâte soit dorée.

7 Pendant ce temps, mélangez délicatement les pousses d'épinards et le reste d'huile et de vinaigre dans un saladier. Dressez les pithiviers sur les assiettes de service, garnissez de pousses d'épinards et servez avec la purée de tomate.

Par portion lipides 59,3 g ; 879 kcal

Répartissez les légumes en couches successives à l'intérieur de l'emporte-pièce.

Recouvrez les légumes d'un carré de pâte et scellez les bords.

Coupez la pâte autour du pithiviers en laissant 5 mm de marge.

Côtes d'agneau sauce au beurre et légumes croustillants

Pour 4 personnes.

PRÉPARATION 20 MINUTES • CUISSON 35 MINUTES

1/2 petite patate douce
1 petit panais
1 grosse betterave
1 c. s. d'huile d'olive
4 carrés d'agneau de 200 g
huile végétale pour la friture

Sauce au beurre

60 ml de vin blanc sec
1 c. s. de jus de citron
60 ml de crème fraîche
125 g de beurre froid coupé en petits morceaux

1 Détaillez la patate douce et le panais en rubans à l'aide d'un épluche-légumes. Émincez finement la betterave.

2 Faites chauffer un gril en fonte et faites cuire l'agneau à votre convenance (comptez environ 5 minutes de chaque côté). Procédez en deux fois si nécessaire. Réservez au chaud pendant que vous préparez la sauce.

3 Préparez le beurre blanc.

4 Pendant que la viande est en train de cuire, mettez de l'huile à chauffer dans une sauteuse. Au moment de servir, faites frire les légumes 2 minutes puis égouttez-les sur du papier absorbant.

5 Découpez chaque carré d'agneau en côtelettes. Répartissez la moitié de la sauce et les côtelettes sur les assiettes de service, arrosez du reste de sauce et accompagnez de légumes croustillants.

Sauce au beurre Mélangez le vin blanc et le jus de citron dans une casserole et portez à ébullition. Laissez bouillonner sans remuer pour faire réduire le liquide de moitié. Incorporez la crème et ramenez à ébullition. Incorporez le beurre en plusieurs fois, en fouettant entre chaque ajout. Versez la sauce dans une saucière bien chaude.

Par portion lipides 48 g ; 664 kcal

Selle d'agneau roulée aux petits pois et aux tomates

Pour 4 personnes.

PRÉPARATION 30 MINUTES • CUISSON 1 H 30

1 poivron rouge moyen
700 g de selle d'agneau désossée
2 gousses d'ail pilées
20 g de pousses d'épinards
1 petit bouquet de basilic grossièrement ciselé
1 c. s. d'huile d'olive

Tomates concassées

1 c. s. d'huile d'olive
3 échalotes émincées
4 gousses d'ail pilées
1,2 kg de grosses tomates olivettes pelées, épépinées et finement concassées
2 c. s. de vinaigre de vin rouge

Petits pois aux herbes

240 g de petits pois surgelés
2 c. s. de menthe fraîche finement ciselée
2 c. s. de basilic frais finement ciselé
20 g de beurre

1 Préchauffez le four à 240 °C. Préparez les tomates concassées.

2 Coupez le poivron en quatre, retirez les pépins et les membranes. Faites rôtir au four, la peau au-dessus, jusqu'à ce que celle-ci noircisse. Sortez le poivron du four et couvrez-le de film alimentaire. Attendez 5 minutes avant de le peler et de le détailler en fines lanières.

3 Baissez la température du four à 180-190 °C. Posez la selle à plat sur une planche et garnissez le centre d'ail, de poivron, d'épinard et de basilic mélangés. Roulez la selle et maintenez-la avec de la ficelle de cuisine tous les 2 cm. Badigeonnez d'huile.

4 Posez la selle sur une grille au-dessus de la lèchefrite et faites-la rôtir 1 heure, jusqu'à ce que la viande soit dorée et cuite à votre goût. Sortez le plat du four et couvrez.

5 Préparez les petits pois aux herbes.

6 Servez l'agneau en tranches épaisses, avec les tomates concassées et les petits pois.

Tomates concassées Faites chauffer l'huile dans une casserole et faites fondre l'échalote avec l'ail en remuant. Ajoutez la tomate et le vinaigre, couvrez puis laissez mijoter 15 minutes à feu doux. Retirez le couvercle et prolongez la cuisson 30 minutes, en remuant de temps à autre, jusqu'à ce que le concassé épaississe.

Petits pois aux herbes Faites cuire les petits pois 2 minutes dans une casserole d'eau jusqu'à ce qu'ils soient tendres ; égouttez-les. Mélangez-les aussitôt avec la menthe et le basilic dans le saladier de service.

Par portion lipides 29,2 g ; 490 kcal

Dorade frite et sa ratatouille au four

Pour 4 personnes.

PRÉPARATION 20 MINUTES • CUISSON 35 MINUTES

La ratatouille est un plat provençal composé de légumes mijotés à feu doux. Nous avons opté ici pour une cuisson au four qui lui confère une saveur exceptionnelle.

3 grosses tomates olivettes pelées et grossièrement concassées
2 mini-aubergines émincées
2 courgettes moyennes émincées
2 poivrons rouges moyens grossièrement émincés
1 oignon rouge moyen coupé en quartiers
80 ml d'huile d'olive
1 petit bouquet de basilic grossièrement ciselé
1 c. s. d'origan frais grossièrement ciselé
8 filets de dorade de 120 g
50 g de pousses d'épinards

1 Préchauffez le four à 240 °C.

2 Mettez la tomate, l'aubergine, la courgette, le poivron et l'oignon dans un plat à rôtir et arrosez d'une cuillerée à soupe d'huile d'olive. Remuez le tout pour bien enrober les légumes d'huile. Étalez les légumes en une seule couche dans le plat, enfournez et laissez rôtir 20 minutes, en remuant de temps à autre, jusqu'à ce que les légumes soient tendres et dorés. Incorporez l'ail, le basilic et l'origan.

3 Passez au robot ou au mixeur 300 g de légumes rôtis avec 1 cuillerée à soupe d'huile jusqu'à obtention d'une purée lisse. Couvrez et réservez.

4 Faites chauffer le reste d'huile dans une poêle et faites frire les filets de dorade 2 minutes de chaque côté. Procédez en plusieurs fois. Répartissez la purée de légumes dans les assiettes de service, ajoutez la ratatouille et les filets de poisson. Décorez de pousses d'épinards et servez aussitôt.

Par portion lipides 31 g ; 515 kcal

Desserts

Pudding aux mûres

Pour 6 personnes.

PRÉPARATION 20 MINUTES • CUISSON 30 MINUTES • RÉFRIGÉRATION 3 HEURES

3 œufs
185 g de sucre en poudre
1 c. s. de Maïzena
110 g de farine avec levure incorporée
1 grosse noisette de beurre
60 ml d'eau bouillante
125 ml d'eau
300 g de mûres surgelées
500 g de baies variées surgelées
80 g de confiture de mûres

1 Préchauffez le four à 180-190 °C. Graissez un grand moule rectangulaire et tapissez-le de papier sulfurisé.

2 Battez les œufs au fouet électrique puis incorporez 110 g de sucre en procédant en plusieurs fois sans cesser de battre entre chaque ajout. Quand tout le sucre est dissous, transférez le mélange dans un saladier.

3 Mélangez la Maïzena et la farine puis incorporez le tout aux œufs battus. Mettez le beurre dans l'eau bouillante et remuez puis versez ce liquide en un mince filet le long de la paroi du saladier en fouettant les ingrédients pour les amalgamer. Transférez la pâte obtenue dans le moule et faites cuire 15 minutes au four. Laissez refroidir la génoise dans son moule.

4 Pendant ce temps, versez 125 ml d'eau et 75 g de sucre dans une casserole et portez à ébullition. Ajoutez les mûres et les baies puis ramenez à ébullition. Baissez le feu et laissez frémir 3 minutes à découvert jusqu'à ce que les fruits soient décongelés. Passez le tout dans un tamis au-dessus d'un saladier ; réservez séparément le sirop et la pulpe de fruit.

5 Démoulez la génoise sur une planche. Tapissez de film alimentaire un moule à charlotte en le faisant déborder de 10 cm tout autour. Avec la pointe d'un couteau, découpez dans la génoise un disque de la taille du fond du moule et un second d'un diamètre légèrement inférieur à celui du haut du moule. Coupez le reste de la génoise en bandes de 10 cm de haut. Posez le premier disque au fond du moule et tapissez les parois avec les bandes. Réservez 200 ml de sirop. Garnissez le gâteau de pulpe de fruit, arrosez du reste de sirop et fermez avec le disque de pâte restant. Rabattez le film alimentaire sur le gâteau et posez une soucoupe dessus. Laissez reposer 3 heures au réfrigérateur.

6 Au moment de servir, réchauffez 2 cuillerées à soupe du sirop réservé et la confiture en remuant bien. Démoulez le gâteau sur un plat de service et badigeonnez-le avec reste du sirop réservé et la confiture chaude. Accompagnez de crème fouettée.

Par portion lipides 4 g ; 316 kcal

Coupez un disque de la taille du fond du moule.

Tapissez de génoise le fond et les côtés du moule.

Garnissez de fruits et de sirop puis couvrez avec un autre disque de génoise.

Soufflés au chocolat et coulis de framboises

Pour 4 personnes.

PRÉPARATION 15 MINUTES • CUISSON 20 MINUTES

1 c. s. de sucre en poudre
50 g de beurre
1 c. s. de farine
200 g de chocolat noir fondu
2 jaunes d'œufs
4 blancs d'œufs
55 g de sucre en poudre

Coulis de framboises

150 g de framboises surgelées
2 c. s. de sucre en poudre
4 clous de girofle
125 ml de vin rouge

1 Préchauffez le four à 200 °C. Graissez quatre moules à soufflé. Saupoudrez l'intérieur de sucre en les secouant pour éliminer l'excédent. Posez-les sur une plaque de cuisson.
2 Faites fondre le beurre dans une casserole puis ajoutez la farine en remuant 2 minutes, jusqu'à ce que l'appareil épaississe et forme des bouillons. Retirez la casserole du feu puis incorporez le chocolat et les jaunes d'œufs. Transférez le mélange dans un saladier.
3 Battez les blancs d'œufs en neige. Incorporez 55 g de sucre en procédant en plusieurs fois sans cesser de fouetter, jusqu'à dissolution du sucre. Incorporez délicatement les blancs en neige au mélange au chocolat, en procédant en deux fois.
4 Répartissez l'appareil dans les moules et laissez cuire environ 15 minutes au four, jusqu'à ce que les soufflés montent.
5 Pendant ce temps, préparez le coulis de framboises.
6 Servez les soufflés accompagnés de coulis.

Coulis de framboises Mélangez les framboises et le sucre dans une casserole et faites chauffer le tout sans le laisser bouillir, jusqu'à dissolution du sucre. Ajoutez les clous de girofle et le vin puis portez à ébullition. Baissez le feu et laissez mijoter 5 minutes à couvert, jusqu'à ce que le coulis ait épaissi. Passez-le dans un tamis fin et servez-le dans un petit récipient.

Par portion lipides 27,5 g ; 544 kcal

Tarte aux prunes

Pour 8 personnes.

PRÉPARATION 20 MINUTES • RÉFRIGÉRATION 50 MINUTES • CUISSON 35 MINUTES

250 g de prunes dénoyautées
2 c. s. de cognac
300 ml de crème fraîche
3 œufs
150 g de sucre en poudre
1 c. c. d'extrait de vanille

Fond de tarte

175 g de farine
55 g de sucre glace
30 g d'amandes en poudre
125 g de beurre froid coupé en morceaux
1 jaune d'œuf
1 c. s. d'eau

1 Préparez la pâte.

2 Baissez la température du four à 140-150 °C.

3 Mixez les prunes et le cognac jusqu'à obtention d'une pâte homogène ; étalez celle-ci sur le fond de tarte.

4 Portez la crème à ébullition dans une casserole puis retirez du feu. Battez les œufs, le sucre et l'extrait de vanille dans un saladier pour obtenir un mélange homogène. Incorporez progressivement la crème chaude sans cesser de battre. Versez ce mélange sur le fond de tarte et faites cuire 20 minutes au four. Laissez reposer 10 minutes. Servez la tarte chaude ou froide, saupoudrée de sucre glace.

Fond de tarte Mélangez au robot la farine, le sucre, les amandes en poudre et le beurre jusqu'à obtention d'une masse sableuse. Ajoutez le jaune d'œuf et l'eau puis mixez juste assez pour amalgamer les ingrédients. Enveloppez la pâte obtenue dans un film alimentaire et laissez reposer 30 minutes au réfrigérateur. Graissez un moule à tarte à fond amovible. Étalez la pâte au rouleau entre deux feuilles de papier sulfurisé jusqu'à obtention d'une abaisse de la taille du moule. Mettez celle-ci en place dans le moule en pressant bien sur les bords, coupez la pâte qui dépasse avec un couteau bien affûté. Piquez le fond à la fourchette. Couvrez et laissez reposer 20 minutes au réfrigérateur. Préchauffez le four à 200 °C. Garnissez le fond de tarte de papier sulfurisé, répartissez dessus des haricots secs et faites-le cuire au four 10 minutes. Retirez les haricots et le papier puis laissez cuire encore 5 minutes, jusqu'à ce que le fond de tarte soit légèrement doré. Laissez refroidir à température ambiante.

Par portion lipides 31,7 g ; 544 kcal

Clafoutis aux pommes caramélisées

Pour 6 personnes.

PRÉPARATION 15 MINUTES • CUISSON 50 MINUTES

Originaire du Limousin, le clafoutis est un dessert facile à réaliser : une pâte sucrée fluide, garnie de fruits de votre choix et cuite au four. Traditionnellement, on le prépare avec des cerises mais nous avons opté ici pour des pommes caramélisées.

6 pommes moyennes
50 g de beurre doux
110 de sucre brun
75 g de sucre en poudre
50 g de farine
50 g de farine avec levure incorporée
4 œufs légèrement battus
160 ml de lait
160 ml de crème fraîche
80 g de beurre doux fondu
1 c. c. d'extrait de vanille

1 Préchauffez le four à 200 °C. Graissez un grand plat à gratin.

2 Pelez les pommes, coupez-les en deux et retirez le cœur ; coupez chaque moitié en quatre quartiers.

3 Faites fondre le beurre dans une poêle et faites légèrement dorer les pommes pendant 5 minutes, en remuant délicatement. Saupoudrez de sucre brun et laissez cuire encore 5 minutes, jusqu'à ce que le jus épaississe. Disposez les pommes et le jus caramélisé dans le plat et laissez refroidir 5 minutes.

4 Pendant ce temps, mélangez le sucre en poudre et les farines dans un saladier ; creusez un puits au centre puis incorporez progressivement l'œuf battu, le lait, la crème, le beurre fondu et l'extrait de vanille, en battant sans cesse pour obtenir une pâte fluide. Versez celle-ci sur les pommes et faites cuire 40 minutes au four. Servez tiède avec de la crème fraîche épaisse.

Par portion lipides 32,6 g ; 543 kcal

Figues fraîches au miel et granité au muscat

Pour 4 personnes.

PRÉPARATION 15 MINUTES • CUISSON 10 MINUTES • CONGÉLATION 4 HEURES

Le muscat est un vin sucré et aromatique, à la saveur musquée. Il est élaboré à partir de raisin de muscat à pleine maturité. Un tokay, un riesling doux ou un gewürztraminer peuvent le remplacer dans cette recette.

375 ml d'eau
125 ml de muscat
110 g de sucre en poudre
1 c. c. de grains de poivre noir
1 c. c. de zeste de citron finement râpé
1 c. s. de jus de citron
1 c. s. de graines de fenouil
90 g de miel
8 grosses figues fraîches

1 Mélangez 250 ml d'eau, le muscat, le sucre, les grains de poivre, le zeste et le jus de citron dans une casserole. Portez à ébullition puis laissez refroidir 10 minutes avant de passer ce sirop dans un tamis fin, au-dessus d'un moule à cake rectangulaire. Couvrez de papier d'aluminium et congelez environ 4 heures, jusqu'à ce que le granité soit ferme. Toutes les heures, grattez la préparation avec une fourchette pour lui donner une texture aérée.

2 Faites griller à sec les graines de fenouil dans une casserole, jusqu'à ce qu'elles embaument. Versez 125 ml d'eau et le miel puis portez à ébullition. Baissez le feu et laissez mijoter 5 minutes à découvert, sans remuer, jusqu'à ce que l'appareil épaississe légèrement. Passez au tamis dans un petit pichet ; jetez les graines. Laissez refroidir le sirop 10 minutes.

3 Coupez les figues en cinq tranches dans la longueur. Dressez-les sur les assiettes de service, nappez-les de sirop et garnissez-les d'une boule de granité. Servez aussitôt.

Par portion lipides 0,5 g ; 262 kcal

Tarte tatin aux poires

Pour 6 personnes.

PRÉPARATION 20 MINUTES • RÉFRIGÉRATION 30 MINUTES • CUISSON 1 HEURE

3 grosses poires fermes
90 g de beurre coupé en morceaux
110 g de sucre brun
160 ml de crème fraîche
35 g de noix de pécan grillées, grossièrement concassées

Pâte

175 g de farine
55 g de sucre glace
90 g de beurre coupé en morceaux
1 jaune d'œuf
1 c. s. d'eau

1 Pelez les poires, coupez-les en quatre dans la hauteur et retirez le cœur.

2 Faites fondre le beurre dans une poêle avec le sucre. Incorporez la crème en battant jusqu'à dissolution du sucre et portez à ébullition. Ajoutez les quartiers de poire, baissez le feu et laissez mijoter 45 minutes, jusqu'à ce que les fruits soient tendres et bien dorés. Retournez-les à plusieurs reprises.

3 Pendant que les poires cuisent, préparez la pâte.

4 Préchauffez le four à 220-230 °C.

5 Disposez les quartiers de poires, face bombée en dessous, dans un moule à manqué, arrosez-les de jus de cuisson caramélisé et parsemez de noix de pécan grillées.

6 Étalez la pâte au rouleau entre deux feuilles de papier sulfurisé pour obtenir une abaisse légèrement plus grande que le moule. Mettez-la ensuite en place sur les poires après avoir retiré le papier et rabattez les bords sur les poires, à l'intérieur du moule. Faites cuire 20 minutes au four puis laissez refroidir 5 minutes à température ambiante avant de retourner la tarte sur un plat de service. Servez chaud, accompagné de crème fouettée.

Pâte Mélangez le sucre et le beurre au robot jusqu'à obtention d'une masse friable. Incorporez le jaune d'œuf et l'eau puis mixez pour former un mélange homogène. Enveloppez la pâte de film alimentaire et laissez-la reposer 30 minutes au réfrigérateur.

Par portion lipides 40,7 g ; 643 kcal

Pancakes aux coings et à la vanille

Pour 4 personnes

PRÉPARATION 25 MINUTES • CUISSON 2 H 45

2 petits coings
1 gousse de vanille coupée en deux
750 ml d'eau
330 g de sucre en poudre
150 g de ricotta
2 œufs, blancs et jaunes séparés
1/2 c. c. d'extrait de vanille
1 c. s. de sucre en poudre
2 c. s. de lait
2 c. s. de farine avec levure incorporée
10 g de beurre

1 Pelez les coings, retirez le cœur et coupez chaque fruit en quatre tranches dans la hauteur.

2 Fendez la gousse de vanille en deux et mettez-la dans une casserole avec l'eau et le sucre puis portez à ébullition. Ajoutez les tranches de coings, baissez le feu et laissez mijoter 1 h 30 à couvert. Découvrez et laissez mijoter encore 1 heure en remuant de temps à autre, jusqu'à ce que le coing soit tendre et que le sirop ait pris une coloration rosée. Jetez la gousse de vanille.

3 Pendant ce temps, battez la ricotta au batteur électrique jusqu'à ce qu'elle soit lisse. Continuez à battre en incorporant progressivement les jaunes d'œufs, l'extrait de vanille, 1 cuillerée à soupe de sucre, le lait et la farine, jusqu'à obtention d'une pâte lisse. Laissez reposer 15 minutes.

4 Battez les blancs d'œufs en neige ferme puis incorporez-les délicatement à la pâte à la ricotta.

5 Faites fondre le beurre dans une poêle antiadhésive. Prélevez 2 cuillerées à soupe de pâte et étalez-les en un disque régulier dans la poêle. Faites cuire le pancake jusqu'à ce qu'il soit doré de deux côtés. Réservez au chaud et répétez l'opération avec le reste de pâte pour obtenir 8 pancakes (vous pouvez faire cuire 4 pancakes à la fois si vous utilisez une très grande poêle ; ils n'auront ainsi pas le temps de refroidir).

6 Dressez deux pancakes sur chaque assiette, garnissez-les d'une tranche de coing et arrosez d'un filet de sirop.

Par portion lipides 9,6 g ; 503 kcal

Millefeuille aux framboises

Pour 8 personnes.

PRÉPARATION 25 MINUTES • RÉFRIGÉRATION 1 HEURE • CUISSON 15 MINUTES

330 ml de lait
4 jaunes d'œufs
110 g de sucre en poudre
2 c. s. de farine
1 c. s. de Maïzena
1 c. c. d'extrait de vanille
50 g de beurre
1 c. s. de miel
2 feuilles de pâte filo
55 g d'amandes mondées grillées et finement concassées
180 ml de crème fleurette
300 g de framboises

1 Portez le lait à ébullition dans une casserole. Mélangez les jaunes d'œufs, le sucre, la farine, la Maïzena et l'extrait de vanille dans un saladier, puis versez progressivement le lait dessus en battant régulièrement. Transvasez le tout dans la casserole et faites-le réchauffer en remuant jusqu'à ce qu'il bouillonne et épaississe. Versez la crème dans un saladier, couvrez et laissez reposer 1 heure au réfrigérateur.

2 Pendant ce temps, faites chauffer le beurre et le miel dans une casserole en remuant, jusqu'à ce que le mélange soit lisse.

3 Préchauffez le four à 200 °C. Graissez deux plaques de cuisson.

4 Badigeonnez une des feuilles de pâte filo avec la moitié du miel et parsemez-la d'amandes. Recouvrez-la avec l'autre feuille de pâte que vous badigeonnez également du reste de miel. Découpez l'ensemble en carrés de 7 cm et étalez ceux-ci sur les plaques de cuisson. Faites-les cuire 5 minutes au four pour qu'ils soient légèrement dorés. Laissez refroidir 10 minutes.

5 Fouettez la crème jusqu'à ce qu'elle soit mousseuse et ferme puis incorporez-la délicatement à la crème à la vanille. Disposez un carré de pâte sur chaque assiette de service, garnissez-la d'une cuillerée à soupe bombée de crème à la vanille puis de framboises. Couvrez d'un deuxième carré de pâte puis garnissez à nouveau de crème et de framboises. Fermez le millefeuille avec un dernier carré de pâte que vous pouvez saupoudrez de sucre glace (facultatif). Servez aussitôt.

Par portion lipides 22 g ; 328 kcal

Prunes pochées et glace aux amandes

Pour 4 personnes.

PRÉPARATION 20 MINUTES • CUISSON 40 MINUTES • CONGÉLATION 4 HEURES

500 ml d'eau
70 g d'amandes effilées grillées
1 gousse de vanille
300 ml de crème fraîche
165 g de sucre en poudre
6 jaunes d'œufs

Prunes pochées

500 ml d'eau
250 ml de porto
110 g de sucre en poudre
1 bâton de cannelle
4 grosses prunes dénoyautées et coupées en deux

1 Mixez les amandes et l'eau puis passez le liquide obtenu dans un tamis fin. Versez ce lait d'amande dans une casserole et jetez les résidus.

2 Coupez la gousse de vanille en deux dans la longueur et mettez-la dans la casserole avec la crème et un tiers du sucre. Portez à ébullition.

3 Préchauffez le four à 180-190 °C. Tapissez de papier sulfurisé un moule à cake.

4 Battez les jaunes d'œufs et le reste du sucre dans un saladier, jusqu'à ce que le mélange blanchisse. Versez progressivement le lait d'amandes sans cesser de battre puis remettez le mélange obtenu dans une casserole et faites-le chauffer à feu doux en remuant sans cesse, jusqu'à ce qu'il épaississe légèrement. Retirez la casserole du feu et laissez refroidir à température ambiante. Versez ensuite la préparation dans le moule, couvrez de papier d'aluminium et mettez 2 heures au congélateur.

5 Sortez la glace du congélateur et démoulez-la dans un saladier. Cassez-la en gros morceaux puis fouettez-la au batteur électrique jusqu'à ce qu'elle soit lisse. Remettez-la dans le moule et laissez prendre encore 2 heures au congélateur.

6 Pendant ce temps, préparez les prunes pochées.

7 Coupez la glace en tranches et répartissez celles-ci dans les assiettes de service. Agrémentez de prunes et arrosez de sirop.

Prunes pochées Mettez l'eau, le porto, le sucre et la cannelle dans une casserole et faites chauffer le tout sans laisser bouillir, jusqu'à dissolution du sucre. Ajoutez les prunes et laissez mijoter 30 minutes à feu doux, à découvert, jusqu'à ce qu'elles soient juste tendres. Retirez les prunes de la casserole et jetez les peaux. Portez le sirop à ébullition et laissez bouillonner 10 minutes pour le faire réduire des deux tiers. Retirez la casserole du feu, jetez le bâton de cannelle et laissez refroidir 10 minutes. Couvrez et réservez au réfrigérateur jusqu'au moment de servir.

Par portion lipides 46,7 g ; 851 kcal

Marquise au chocolat

Pour 10 personnes.

PRÉPARATION 30 MINUTES • RÉFRIGÉRATION 30 MINUTES
CUISSON 15 MINUTES • CONGÉLATION 30 MINUTES

480 ml de crème fleurette
175 g de chocolat noir cassé en petits morceaux
4 jaunes d'œufs
2 œufs
110 g de sucre en poudre
60 ml de liqueur à l'orange
75 g de chocolat noir grossièrement râpé
2 c. c. de zeste d'orange finement râpé

Génoise au chocolat

4 œufs
150 g de sucre en poudre
50 g de farine
1 c. s. de cacao en poudre

1 Préparez la génoise au chocolat.

2 Tapissez de papier sulfurisé le fond et les grands côtés d'un moule à cake. Coupez deux rectangles de génoise, l'un à la taille du fond du moule, l'autre à celle du haut du moule. Le reste de génoise ne sera pas utilisé.

3 Faites chauffer 180 ml de crème et le chocolat à feu doux en remuant, jusqu'à obtention d'une pâte lisse. Battez les jaunes d'œufs, les œufs et le sucre dans un saladier ; l'appareil doit être épais et onctueux. Continuez à battre en incorporant progressivement la crème au chocolat. Couvrez et laissez reposer 30 minutes au réfrigérateur, jusqu'à ce que la préparation ait légèrement épaissi.

4 Pendant ce temps, fouettez 300 ml de crème jusqu'à ce qu'elle soit mousseuse et ferme. Incorporez-la délicatement à la préparation au chocolat, avec la liqueur, le chocolat râpé et le zeste d'orange.

5 Posez la base de génoise au fond du moule, versez l'appareil au chocolat et fermez avec la seconde découpe de génoise. Couvrez de papier d'aluminium et faites raffermir 30 minutes au congélateur. Démoulez la marquise sur une planche et laissez reposer 5 minutes à température ambiante avant de la découper en tranches épaisses. Servez avec des framboises ou des fraises.

Génoise au chocolat Préchauffez le four à 180-190 °C. Graissez une plaque à génoise et tapissez le fond de papier sulfurisé. Battez les œufs et le sucre dans un saladier jusqu'à ce que l'appareil soit épais et onctueux. Mélangez la farine et le cacao puis tamisez le tout sur les œufs battus en remuant délicatement pour obtenir une pâte homogène que vous étalez sur la plaque à génoise. Faites cuire 10 minutes au four puis laissez refroidir 10 minutes à température ambiante.

Par portion lipides 28,4 g ; 473 kcal

Glossaire

Amande
Fruit de l'amandier ; la graine blanche et tendre est recouverte d'une pellicule brune et enfermée dans une coque brune grêlée.
Mondée Débarrassée de la pellicule brune.
Poudre Présente la texture d'une farine grossière ; à utiliser en cuisson ou comme agent épaississant.
Effilée Coupée en fines lamelles dans la longueur.

Aneth
Plante ombellifère aux feuilles vert foncé qui ressemblent à des plumes. Ces feuilles ont un léger goût d'anis et ne doivent pas être cuites. On les ajoutera donc en fin de cuisson pour préserver leur saveur.

Aubergine
Fruit d'une plante originaire de l'Inde et cultivée dans le bassin méditerranéen depuis le XVIIe siècle. L'aubergine se fait cuire à l'étuvée, en gratin ou sautée. On la fera le plus souvent dégorger 30 minutes au sel pour qu'elle rende son eau de végétation.

Babeurre
Ou lait de beurre, liquide résultant du battage de la crème dans la préparation du beurre. Pauvre en matières grasses, il est utilisé pour donner un goût aigre et acidulé et peut être remplacé par du lait fermenté ou écrémé, ou du yaourt.

Bacon
Poitrine de porc maigre fumée.

Basilic
Herbe aromatique dont il existe de nombreuses variétés. Le plus utilisé est le basilic commun.

Betterave potagère
Plante à racine charnue ronde et rouge. Consommée cuite le plus souvent, en purée, en tranches, en julienne, etc. Elle est tout aussi bonne crue ou en salade.

Brioche
Pâtisserie faite d'une pâte levée à base de beurre et d'œufs.

Broccolini
Croisement entre le brocoli et le brocoli chinois, il est plus doux et plus sucré que le brocoli. Il est entièrement comestible, fleurettes et tiges.

Cacao
Fruit du cacaoyer contenu dans une gousse. Séché et torréfié, il est ensuite pulvérisé et présenté sous différente forme : poudre pure ou soluble et plus ou moins sucrée, pâte…

Caille
Petit oiseau voisin de la perdrix, élevé comme volaille ; sa chair est délicate et savoureuse.

Cannelle
Écorce séchée des tiges du cannelier. Se présente sous forme de tuyaux ou de poudre.

Câpre
Bouton floral d'une plante méditerranéenne, le câprier. Elles sont vendues confites dans le vinaigre. Dans la cuisine méridionale, on les associe souvent aux olives et aux anchois.

Cardamome
Originaire de l'Inde et très présente dans sa gastronomie. On la trouve en gousses, en graines ou moulue.

Cerfeuil
Herbe aromatique aux feuilles finement dentelées, plates ou frisées, et au délicat parfum d'anis.

Cerise
Petite drupe ronde dont la teinte varie du jaune au rouge profond. Les cerises sucrées se croquent au dessert alors que les plus acides, comme les griottes, sont destinées aux confitures, aux conserves et aux plats salés, surtout en accompagnement du gibier à plumes ou des viandes.

Champignons
Champignon de Paris Petit champignon blanc au goût délicat.
Shiitake Champignon parfumé. Bien qu'il soit cultivé, il conserve toute la force et tout le parfum d'un champignon sauvage. Sous sa forme séchée, il doit être réhydraté avant emploi.
Brun suisse Champignon allant du marron clair au marron foncé ; goût léger.

Chapelure
Mie de pain rassis broyée en poudre fine. La chapelure peut être dorée au four, à feu doux. Utilisée pour paner des aliments ou pour les gratiner.

Chou de Milan
Gros chou pommé aux feuilles extérieures gaufrées, vert foncé, à la saveur délicate.

Ciboulette
Plante de la famille de l'oignon, dont les feuilles creuses et minces, au goût subtil d'oignon, sont employées comme condiment. On peut lui substituer des tiges d'oignon vert, à la saveur plus prononcée, mais moins délicate.

Clou de girofle
Bouton à fleur, séché, du giroflier. Il s'utilise entier ou en poudre ; son parfum et sa saveur épicés sont très caractéristiques.

Confit
Du verbe « confire » signifiant « conserver ». S'applique maintenant essentiellement à la cuisson prolongée d'une viande (canard, oie, porc…) à feu doux, la viande étant ensuite conservée dans sa graisse.

Coquelet
Jeune poulet de 4 à 6 semaines, pesant 500 à 600 g.

Courge Butternut
En forme de poire, à peau dorée et chair orangée.

Crapaudine
Technique consistant à fendre une petite volaille en deux, à l'aplatir et à la faire griller ainsi.

Cresson
Herbe crucifère poussant dans des lieux humides. Ses feuilles se mangent crues (en salade) ou cuites (en potage ou en sauces). Très périssable, cette plante doit être consommée le jour même de son achat.

Échalote
De la famille de l'oignon. Son bulbe allongé est couvert d'une peau rouge ou jaune cuivre.

Farine
À levure incorporée Farine de blé tamisée avec de la levure dans la proportion de 10 g de levure pour 230 g de farine.
De blé Pour tous usages.
De maïs Utilisée généralement comme épaississant.

Fenouil
Se consomme cru en salade, et braisé ou sauté en légume d'accompagnement. Les graines de fenouil ont une saveur très anisée.

Ficelle de cuisine
Confectionnée dans une matière naturelle comme le coton ou le chanvre, elle n'affecte pas le goût des aliments et ne fond pas à la chaleur.

Filo (pâte)
Feuilles de pâte ultra-fines, vendues en produits frais ou congelées.

Fromages
Bocconcini Fromage proche de la mozzarella. Aussi appelé « mozzarella cerise », on le trouve en petites boules de la taille d'une bouchée, conservées dans de l'eau. À consommer dans les 48 heures.
Fromage à pâte persillée Toutes variétés depuis le stilton jusqu'au gorgonzola, en passant par le roquefort, la fourme d'Ambert, le bleu de Bresse ou d'Auvergne.
Gruyère Pâte cuite originaire du Jura et de Suisse, à la saveur de noisette.
Parmesan Ce fromage de vache originaire de la région de Parme est dur et friable.

Le lait caillé est salé dans la saumure pendant un mois avant d'être affiné jusqu'à deux ans dans une atmosphère humide. On l'utilise essentiellement râpé sur les pâtes, les soupes et autres plats salés, mais est également délicieux avec des fruits.
Ricotta Le nom de ce fromage de vache à pâte molle blanche signifie « recuite ». Il est à base de petit-lait, un sous-produit d'autres fromages, auquel on ajoute du lait frais et de l'acide lactique. La ricotta est un fromage doux avec un pourcentage de matières grasses de 8,5 % et une texture légèrement granuleuse.

Gelée de groseille
Utilisée pour glacer les desserts ou les viandes ou dans les sauces.

Genièvre
Baie séchée d'un conifère, le genévrier ; elle confère sa saveur caractéristique au gin.

Huile
Olive Les plus parfumées sont les huiles vierges ou extra-vierges et proviennent du premier pressage.
Arachide À base de cacahuètes moulues. La plus utilisée dans la cuisine asiatique car elle supporte de très hautes températures sans brûler.
Végétale À base de plantes et non de graisses animales.

Kumara
Nom polynésien d'une patate douce à la chair orangée.

Levure chimique
Agent levant composé entre autres de pyrophosphate de sodium et de bicarbonate de sodium.

Liqueur à l'orange
Vous avez le choix entre le Cointreau, le Grand Marnier, le curaçao et bien d'autres.

Merguez
Petite saucisse épicée, traditionnellement à base d'agneau.

Mesclun
Assortiment de diverses salades et jeunes pousses.

Moutarde
De Dijon Jaune, lisse et assez piquante.
À l'ancienne Très parfumée, avec des graines concassées.

Muscat
Vin de dessert sucré et fruité, à la teinte ambrée, obtenu à partir du raisin du même nom.

Oignons
Jaune et blanc Oignon à chair piquante. Relève et accompagne toutes sortes de plats.
Vert Oignon cueilli avant la formation du bulbe, dont on consomme la tige verte ; à ne pas confondre avec l'échalote.
Grelot Petit oignon blanc cueilli lorsqu'il atteint la taille d'un grelot. On le consomme cru, conservé dans le vinaigre, ou cuit dans des ragoûts ou des daubes.
Rouge Également appelé oignon espagnol. Plus doux que l'oignon blanc ou jaune, il est délicieux cru dans une salade.

Panais
Légume racine de forme allongée et couleur crème, de la famille des ombellifères. Sa chair est blanche est son goût plus sucré que celui de la carotte.

Pâtisson
Courge ronde et aplatie à bord festonné, jaune à vert très pâle ou beige. Cueilli jeune, sa chair est ferme et parfumée.

Pécan (noix de)
Noix d'un brun doré, à consistance un peu grasse et au goût très fin.

Piments
Généralement, plus un piment est petit, plus il est fort. Mettez des gants en caoutchouc quand vous les épépinez et les coupez, car ils peuvent brûler la peau. Si vous n'aimez pas les préparations trop relevées, retirez les graines et les membranes intérieures.

Pistache
Noix vert pâle à la saveur délicate, dans une coquille dure blanc cassé.

Poireau
Il appartient à la famille de l'oignon et ressemble à un oignon vert géant, mais de goût plus doux et plus subtil. Les poireaux nouveaux, que l'on trouve en début de saison, se cuisent et se dégustent comme des asperges.

Pois gourmands
Ou pois mange-tout. Plus petits et plus tendres que les haricots mange-tout, ils cuisent très rapidement (2 minutes), de préférence à l'eau ou à la vapeur. Saveur très délicate. Se consomment au printemps.

Poivre
Outre les principales variétés décrites ici, vous trouverez dans les épiceries fines différents poivres (pouvre du Penjah, poivre du Sichuan…) dont les goût peuvent être subtilement parfumés ou au contraire puissants. Certains sont assez chers mais peuvent apporter une touche très délicate à un plat de fête.
De Cayenne À base de piments séchés puis broyés, très fort ; il peut remplacer les piments frais.
Vert Baie du poivrier cueillie verte ; généralement vendu en saumure (ou sec). Son goût frais se marie bien avec les sauces à la moutarde ou à la crème.
Noir Baie cueillie à peine mûre ; c'est le poivre le plus puissant.

Poivron
Piment doux à gros fruits rouges, jaunes ou verts. Veillez à retirer les graines et les membranes avant de les cuisiner.

Polenta
Semoule de maïs ; ressemble à la farine de maïs, en plus grossier. Plat italien du même nom.

Potiron
Membre de la famille des cucurbitacées ; peut être remplacé par une autre courge.

Ris
Thymus du veau ou de l'agneau. Très périssables, ils doivent être consommés le jour même de leur achat. Interdits à la vente pendant la crise de la vache folle, on les trouve de nouveau chez les bons bouchers.

Roquette
Salade au goût poivré prononcé.

Sucre
Dans les recettes, nous avons utilisé du sucre blanc cristallisé, sauf mention contraire.
Roux Sucre finement granulé dans lequel subsiste de la mélasse qui lui confère sa couleur et sa saveur particulières.
Glace Sucre cristallisé broyé en poudre impalpable, puis tamisé et additionné de 3 % d'amidon.

Tomate
Cerise Tomate petite et ronde.
Olivette Tomate de forme ovale à chair ferme. Très savoureuse quand elle est bien mûre.

Vanille
Gousse Longue et fine, séchée, elle contient de minuscules graines noires qui confèrent une saveur incomparable aux pâtisseries et aux desserts. Vous confectionnerez du sucre vanillé maison en mettant une gousse finement broyée dans un bocal de sucre blanc ou roux.
Extrait Obtenu par macération de gousses dans de l'alcool ; l'essence de vanille n'est pas un bon substitut.

Vinaigre
Balsamique Provient exclusivement de la province de Modène en Italie ; fait à partir d'un vin régional de cépage trebbiano. Il doit son parfum unique, à la fois doux et mordant, à un traitement spécial et à son vieillissement en vieux fûts de chêne.
De vin rouge À base de vin rouge fermenté.
De vin blanc À base de vin blanc fermenté.

Table des recettes

Soupes et hors-d'œuvre

Plats faciles

Plats de fête

Desserts

• MARABOUT CHEF •

Traduction
Catherine Bricout

Adaptation
Élisabeth Boyer

Mise en pages
Domino

Relecture
Antoine Pinchot

Marabout
43, quai de Grenelle – 75905 Paris Cedex 15

Publié pour la première fois en Australie
en 2004 sous le titre
New french food

Dépôt légal n° 50379 / septembre 2004
ISBN : 2501043464
NUART : 40.9300.1/01

Imprimé en Espagne par Gráficas Estella